MW01534558

tarsi un idea

L. Federico Signorini
Ignazio Visco

L'ECONOMIA ITALIANA

il Mulino

Questo libro ha beneficiato dell'aiuto di molti amici e colleghi. Un particolare ringraziamento è dovuto, per il tempo generosamente speso nella lettura del primo abbozzo del lavoro, nella fornitura di utili spunti e suggerimenti, e nella ricerca di documentazione, a Fabrizio Balassone, Fabrizio Barca, Andrea Brandolini, Luigi Buttiglione, Silvia Fabiani, Daniele Franco, Marco Magnani, Giuseppe Parigi, Guido Pellegrini, Guido M. Rey, Nicola Rossi, Salvatore Rossi e Francesco Zollino. Restiamo ovviamente responsabili di ogni errore. Le opinioni espresse nel libro sono personali e non impegnano le istituzioni di appartenenza.

I lettori che desiderano informarsi sui libri e sull'insieme delle attività della Società editrice il Mulino possono consultare il sito Internet:

http://www.mulino.it

ISBN   88-15-07110-5

Copyright © 1997 by Società editrice il Mulino, Bologna. Nuova ed. 1999. È vietata la riproduzione, anche parziale, con qualsiasi mezzo effettuata, compresa la fotocopia, anche ad uso interno o didattico, non autorizzata.

Indice

Introduzione   p.   7

PARTE PRIMA. I GRANDI NUMERI

1.   La «ricchezza della nazione»   13

   Misurare la dimensione dell'economia. - Il PIL dell'Italia.
   - Il prodotto pro capite. - Qualche spiegazione. - Lo
   stock di ricchezza.

2.   Le molte dimensioni del benessere   24

   La misura dell'occupazione e della disoccupazione. - La
   disoccupazione in Italia. - La popolazione attiva e il
   tasso di occupazione. - L'inflazione. - Ricchi e poveri. -
   Indicatori degli standard di vita.

3.   La struttura   43

   La struttura della domanda: consumi e investimenti. - La
   struttura della produzione: i grandi settori. - Gli scambi
   con l'estero.

PARTE SECONDA. ANDAMENTI CONGIUNTURALI E POLITICHE
ECONOMICHE

4.   I difficili anni settanta   57

   Dall'autunno caldo del 1969 alla crisi valutaria del 1976.
   - Dalla stabilizzazione del 1976 all'adesione allo SME.

5. Gli anni ottanta: disinflazione e accumulo di
squilibri   p. 72

Dall'adesione allo Sme al controshock petrolifero del
1986. - Gli squilibri crescenti, il risanamento incompleto
e la crisi valutaria del settembre 1992.

6. Il ricupero della stabilità e l'adesione all'Unio-
ne economica e monetaria   86

Dalla crisi valutaria al rientro negli Accordi di cambio
(1992-96). - Il cammino verso l'unione monetaria.

Parte terza. I nodi irrisolti

7. La questione del Sud   95

I fatti. - Le cause di fondo. - La convergenza neoclassica
e i suoi limiti. - Il ruolo dell'intervento pubblico. - Le
politiche. - L'efficacia degli interventi.

8. Eccesso di debito, carenza di Stato   111

Disavanzi e debito pubblico. - L'esperienza italiana. -
Uno Stato carente.

9. Mercati, competitività e concorrenza   122

Come nascono i limiti alla concorrenza. - Due spinte
riformatrici. - Banche e finanza. - Il mercato del controllo delle imprese e le privatizzazioni. - Competere in
Europa, con l'Europa.

Per saperne di più   134

Introduzione

Il primo gennaio del 1999 undici paesi europei hanno adottato un'unica moneta. Per tutti i paesi interessati, questa data segna uno spartiacque storico. Per l'Italia, che è riuscita a partecipare all'unione monetaria fin dal suo inizio, raggiungendo gli obiettivi di risanamento economico-finanziario previsti dal Trattato di Maastricht, essa rappresenta sia un notevole successo nazionale, sia una difficile sfida per gli anni a venire.

Questo libro offre un sintetico atlante ragionato delle condizioni economiche dell'Italia; racconta il cammino che ha portato il nostro paese dall'instabilità e dai conflitti degli anni settanta fino ai ritrovati equilibri macroeconomici degli ultimi anni novanta; discute quelli che ci paiono i maggiori nodi irrisolti del nostro sviluppo.

Nei primi tre capitoli vengono presentati i grandi numeri dell'economia nazionale (prodotto, ricchezza, occupazione, inflazione, scambi con l'estero, e così via), in prospettiva storica e a paragone degli altri maggiori paesi. Ne risulterà il quadro di un'economia vivace e prospera, benché piena di problemi irrisolti. Non mancheranno in questa parte alcune brevi discussioni sul significato dei dati economici più comunemente utilizzati. Le note di metodo che qua e là presenteremo non hanno alcuna pretesa di completezza; servono semplicemente a mettere in guardia il lettore contro qualche lettura affrettata dei dati o qualche comparazione indebita. In certi casi mostreremo dati comparati con alcuni altri paesi avanzati, generalmente a partire dal 1970: il confronto permetterà di valutare i livelli relativi e la strada percorsa negli ultimi venticinque anni.

In prospettiva storica, le trasformazioni sono state di intensità straordinaria, non soltanto in assoluto ma anche in un confronto internazionale. Due generazioni fa l'Italia era un paese largamente agricolo. Negli anni cinquanta e sessanta (gli anni del «miracolo economico») l'Italia raggiunse rapidamente un livello di reddito e una struttura produttiva non molto distanti da quelli di paesi di più antica industrializzazione. Anche dopo il 1970 il ritmo dello sviluppo ha continuato a essere, anche a paragone degli altri paesi, tutt'altro che modesto. Gli anni settanta e i primi anni ottanta sono comunemente, e del resto correttamente, percepiti come un periodo caratterizzato in Italia dall'accumularsi di problemi e dal ricorrere di «crisi» (l'inasprimento delle relazioni industriali, il balzo dell'inflazione, le ripetute svalutazioni del cambio, l'instabilità della bilancia dei pagamenti, l'indebolimento della situazione finanziaria delle imprese, l'avvio del deterioramento del bilancio pubblico). Nonostante tutto, neppure in quegli anni lo sviluppo si è interrotto.

Ciò non toglie che quel lungo periodo di instabilità e di conflitti abbia creato, e in parte lasciato in eredità agli anni più recenti, una serie di squilibri gravi e difficili da raddrizzare. Tre sono stati i più seri: un'inflazione fino a poco tempo fa significativamente superiore a quella degli altri paesi; un tasso di disoccupazione allarmante in alcune aree del paese, anche se relativamente contenuto in altre; un debito pubblico molto elevato, che per non diventare insostenibile ha richiesto e continuerà a richiedere sacrifici fiscali severi. Nella seconda parte del libro (capp. 4-6) si racconteranno i fatti economici più importanti di quest'ultimo quarto di secolo, proprio per cercare di mostrare come, tra alterne vicende, mentre da un lato è continuato il processo di sviluppo dell'economia italiana, dall'altro si sono creati gli squilibri di cui abbiamo parlato; e come, nell'ultima parte dello stesso periodo, si sia cominciato ad affrontare, con intensità di sforzi e successo crescenti, alcuni di questi problemi di fondo. A questo scopo si analizzeranno, con qualche dettaglio, l'andamento nel tempo delle principali variabili dell'economia e le caratteristiche essenziali delle politiche economiche via via seguite. Terremo per lo più fuori dalla narrazione la politica in senso stretto.

Due temi ricorreranno nell'esposizione di queste vicende: un vizio e una virtù, se così possiamo chiamarli. La virtù consiste nella capacità di adattamento dimostrata nel corso del tempo dal sistema economico del paese, e più specificamente del sistema delle imprese private non appartenenti a settori protetti da vincoli o barriere all'entrata. Esposte alla concorrenza internazionale, le imprese italiane, anche e soprattutto nei periodi di maggiore instabilità e di più rapidi cambiamenti, hanno trovato il modo di aggirare gli ostacoli, di individuare nuovi mercati, di valorizzare i propri punti di forza, di scoprire per tempo nuove occasioni di profitto e di crescita.

Il vizio è consistito nell'incapacità, lungamente mantenuta, di prendere nella dovuta considerazione le compatibilità generali, a costo di accumulare squilibri crescenti, da scaricare sulle generazioni successive. In questo modo, conflitti irriducibili sulla distribuzione del reddito hanno innescato, a più riprese, spirali inflazionistiche in cui prezzi e salari si inseguivano a vicenda in un gioco a somma negativa; il debito pubblico si è progressivamente accresciuto, sotto il peso di pretese irrealistiche, mutuamente incompatibili, e di promesse irresponsabili, mantenute nell'illusione che il momento di fare i conti si sarebbe potuto rinviare indefinitamente.

Alla fine, invece, il *redde rationem* è venuto. Nei primi anni novanta, sotto la spinta della sempre maggiore integrazione delle economie e dei mercati, è gradualmente maturata la consapevolezza che i conti devono tornare: le compatibilità sono un vincolo, la stabilità è un valore. I vincoli europei, cui l'Italia si è liberamente sottoposta nella prospettiva dell'unione monetaria, hanno sicuramente avuto una parte nel favorire questo processo. I «parametri di Maastricht», ben noti all'opinione pubblica, miravano ad assicurare che la stabilità dell'unione monetaria non fosse messa in pericolo da una divergenza fra i paesi che vi partecipavano circa alcune variabili economiche fondamentali: inflazione, saldi della finanza pubblica, tassi di interesse, e così via. Quando il trattato entrò in vigore, nel 1990, l'Italia non soddisfaceva alcuno di questi criteri. In effetti, la sua capacità di soddisfarli è rimasta in dubbio fino a pochi mesi prima della decisione finale.

Il successo è stato il risultato di una combinazione di politiche monetarie e fiscali restrittive, di un atteggiamento responsabile delle parti sociali e di un progressivo allinearsi delle aspettative, e in generale dei comportamenti, degli operatori economici agli obiettivi di risanamento. Sebbene il progresso visibile, in termini di «parametri di Maastricht», sia stato relativamente rapido, esso è stato il frutto di quel lento processo di cui si è parlato, durante il quale *policy-makers*, agenti economici ed opinione pubblica hanno progressivamente maturato la consapevolezza delle virtù insite in un quadro macroeconomico stabile e della natura illusoria della ricchezza da inflazione e da debito pubblico. Un processo troppo lento, certo; ma la sua stessa gradualità e la sua persistenza – con una pluralità di governi di varia natura ed ispirazione, con traversie economico-finanziarie a livello interno e internazionale, dalla crisi dello Sme nel 1992 a quella dei paesi dell'Asia orientale nel 1997-98 – consentono di nutrire qualche speranza sulla sua solidità per gli anni a venire.

Oggi, con il processo di convergenza alle spalle, la questione che conta è quella della capacità competitiva dell'insieme delle forze produttive del paese (imprese, lavoratori, Stato) nel nuovo contesto. L'adozione dell'euro è solo una tappa in un processo di integrazione delle economie, cominciato da lungo tempo e destinato a continuare ancora a lungo. Riducendo i costi di transazione e aumentando la trasparenza nel mercato europeo, l'unione monetaria ravviva la competizione, stimolando in prospettiva la crescita della produttività del sistema economico ma anche mettendo in pericolo le imprese, i settori meno efficienti.

La sfida si è quindi spostata su un altro terreno: quello dei vincoli, delle barriere, delle regolamentazioni eccessive che hanno fin qui ingessato una larga fetta dell'attività economica, impedendo alla concorrenza di operare in modo efficace – entro regole ragionevoli e certe – e determinando inefficienze e sprechi. Due esempi lampanti di inefficienza (certo non gli unici) sono costituiti dal mercato del lavoro e dai servizi di pubblica utilità: questi ultimi caratterizzati tradizionalmente da costi eccessivi e da prestazioni inadeguate, il primo da un aumento apparentemente inarrestabile della disoccupazione, dramma sociale e al tempo stesso gigantesco spreco di risorse.

Anche a questo proposito l'evoluzione delle istituzioni so-vranazionali può agevolare il cambiamento, ma certo lo rende ancor più necessario. Il mercato unico europeo e la fine delle restrizioni al movimento dei capitali hanno cominciato ad apri-re alla concorrenza internazionale aree che ne erano sempre state immuni. Nei settori tradizionalmente più protetti, in parti-colare nei servizi, alcune barriere anticompetitive cominciano a cadere. Anche i mercati finanziari, e segnatamente quello della proprietà e del controllo delle imprese, si aprono (seppur gradualmente) a nuovi attori, adottano regole più aperte.

L'unione monetaria accelererà questo processo. Il suo buon funzionamento presuppone, tra l'altro, un grado di flessibilità nell'uso dei fattori che finora non esiste, né in Italia né – va detto – in gran parte del resto dell'Europa continentale. Venen-do meno lo strumento della svalutazione del cambio, diventa necessario assicurare una maggiore mobilità del lavoro e una maggiore flessibilità del suo impiego e della sua remunerazio-ne, se si vogliono sfruttare le potenzialità di sviluppo insite nell'allargamento del mercato e se si vuole evitare il rischio di tensioni localizzate e protratte sul mercato del lavoro. Sul mercato dei prodotti, l'acuirsi della competizione internaziona-le richiede di intensificare l'azione pubblica in difesa della concorrenza, che sola può rafforzare le capacità competitive delle imprese nazionali. La pura e semplice difesa degli assetti industriali esistenti sarebbe miope: le industrie protette sono quelle meno capaci di competere e, quindi, di generare sviluppo e occupazione nel lungo periodo.

I commentatori più pessimisti vedono nelle rigidità dei mercati un serio pericolo per l'ordinato funzionamento dell'unione monetaria e per la stessa prosperità e stabilità dell'Europa; i più ottimisti vedono nel vincolo istituzionale rappresentato dall'unione l'occasione per uno svecchiamento dei mercati. Se l'una o l'altra prospettiva prevarrà, dipenderà dalle scelte che ogni paese si appresta a compiere. Anche in Italia la questione è aperta. Ma mentre la cultura della stabilità si va chiaramente consolidando nel nostro paese, quella della concorrenza e del mercato stenta ancora ad affermarsi nelle norme, nella prassi, nella mentalità.

Anche in questo caso occorrerà procedere lungo un cammino di cui si sono percorsi finora solo i primi passi: ma è su questo terreno che, a nostro avviso, si giocheranno le prospettive di sviluppo dell'economia nei prossimi anni. Sarà dunque in questa chiave che, nella terza parte, si proverà ad elencare ed esaminare i principali nodi irrisolti dell'economia: squilibri territoriali e disoccupazione, inefficienza e costo dell'amministrazione pubblica, ostacoli al funzionamento dei mercati.

1. La «ricchezza della nazione»

Misurare la dimensione dell'economia

Come si misura la «ricchezza delle nazioni», o, in termini più precisi, la dimensione economica complessiva di un paese? La risposta non è né unica né ovvia; prima di esporre e commentare i principali dati che descrivono le condizioni economiche dell'Italia, è utile chiarire il significato e i limiti delle grandezze a cui si fa comunemente riferimento. In senso stretto, la ricchezza è uno *stock*; essa è data, cioè, dall'ammontare delle risorse disponibili in un certo momento, che si possono valutare sia in senso fisico-economico (risorse naturali, infrastrutture, capitale investito presso le imprese, conoscenze e capacità tecniche della popolazione), sia in senso finanziario, sommando cioè le attività finanziarie nette possedute dai residenti. Poiché l'ammontare della ricchezza – soprattutto se inteso in senso fisico – è difficile da misurare (torneremo su questo più avanti), più di frequente le comparazioni fanno riferimento non a uno *stock* bensì a un *flusso*: il flusso dei beni e servizi prodotti in un anno in un dato paese, cioè il prodotto interno lordo o Pil.

Il Pil, la grandezza più usata nella valutazione del benessere economico, merita di essere descritto in qualche dettaglio. Esso può essere visto in tre modi. In primo luogo, il Pil è pari alla somma del prodotto di ciascuna unità produttiva del paese (società per azioni, imprese individuali, enti pubblici, ecc.). Quest'ultimo è definito dal valore aggiunto, cioè dalla differenza fra il valore della produzione finale dell'unità produttiva e il costo dei beni e servizi, come le materie prime, l'energia o i trasporti, consumati nel processo produttivo. In secondo luogo, esso è uguale alla somma dei redditi dei fattori impiegati nell'impresa (in generale, nell'unità produttiva): lavoro (salari e oneri accessori), capitale proprio (profitti) e capitale di terzi (interessi). Infine, poiché tutto ciò che viene prodotto è destinato a essere venduto (o accumulato sotto forma di scorte), il Pil equivale anche alla somma (al netto delle importazioni) delle varie componenti della domanda di beni e servizi: consumi, investimenti (al lordo degli ammortamenti, per cui anche il prodotto interno è *lordo*), ed esportazioni; la variazione delle scorte è considerata parte degli investimenti lordi.

Le tre definizioni, contabilmente equivalenti, corrispondono anche a tre metodi diversi di stima del Pil. Tali metodi sono basati rispettivamente su indagini presso le imprese, sui dati concernenti i redditi da lavoro e da capitale, su rilevazioni della spesa per consumi e investimenti. Rilevazioni esatte sono ovviamente impossibili; i tre metodi, accompagnati da valutazioni indirette di vario tipo, vengono usati in modo integrato fra loro per giungere a stime sufficientemente affidabili. Valutazioni indirette sono necessarie tra l'altro per stimare la cosiddetta economia sommersa; in Italia, negli anni ottanta l'Istat rivide a più riprese i propri metodi di stima del Pil, appunto allo scopo di rilevare nel modo più efficace possibile questo tipo di attività. Queste revisioni comportarono all'epoca consistenti rivalutazioni del prodotto.

Nell'utilizzare i dati sul Pil è utile tenere a mente, tra gli altri, due motivi di cautela. In primo luogo, la definizione del valore aggiunto non è sempre agevole; in alcuni casi, come ad esempio per la valutazione del prodotto economico degli enti pubblici, si deve ricorrere a convenzioni, di solito poco soddisfacenti. In secondo luogo, nella misura del Pil non si prendono in considerazione gli elementi non monetari del benessere: ad esempio, la gradevolezza dell'ambiente o delle relazioni sociali, il valore del tempo libero e quello del lavoro non retribuito, la qualità dell'istruzione, la salute dei cittadini, il tasso di criminalità. Sotto tutti questi aspetti il Pɪʟ è inevitabilmente una misura imperfetta del benessere. Particolarmente problematici sono i confronti fra paesi avanzati e paesi in via di sviluppo, per i quali la misura del prodotto monetario è spesso approssimativa.

Poiché però non esistono alternative migliori, il Pɪʟ – letto *cum grano salis* – rimane il principale punto di riferimento per la valutazione del benessere di un paese. Non l'unico: nel secondo capitolo gli affiancheremo vari indicatori economici e sociali che colgono altre dimensioni del benessere e ne costituiscono, quindi, un necessario complemento.

Una questione che richiede una digressione, per l'influenza che essa ha sui confronti internazionali, è quella del tasso di cambio usato per convertire le monete nazionali in una valuta comune. La scelta più ovvia sarebbe quella di usare i tassi di cambio correnti, che misurano il potere d'acquisto *esterno* della valuta nazionale: se il cambio tra euro e dollaro è pari, diciamo, a 1,15, negli Stati Uniti potrò acquistare con un euro appunto un bene che costa 1 dollaro e 15 centesimi. Ma i cambi correnti sono poco adatti a misurare il potere d'acquisto *interno* al paese interessato, questione più importante se si vuole valutare il benessere relativo. Per molti beni e (soprattutto) servizi il commercio internazionale è costoso o addirittura impossibile: come si fa, per esempio, a esportare un taglio di capelli? In assenza di commercio, non esiste alcun meccanismo che renda i prezzi uguali dappertutto; i prezzi locali possono differire anche di parecchio se vengono espressi in una valuta comune, per esempio in dollari, ai cambi correnti.

Per questo si utilizzano a volte cambi artificiali, basati sul concetto di «parità di potere d'acquisto» (Pᴘᴀ): calcolati, cioè, in modo che un dollaro Pᴘᴀ compri, idealmente, la stessa quantità di merci in ciascun paese. Come è facile intuire, questo tipo di calcoli non è agevole e mantiene un margine di approssimazione e di arbitrarietà. I cambi Pᴘᴀ, calcolati da varie istituzioni, sono però sempre molto diversi da quelli ufficiali soprattutto per i paesi meno sviluppati; il prodotto di questi paesi appare molto più grande se si tiene conto del fatto che i livelli dei prezzi in tali paesi sono bassi. Ad esempio, secondo i calcoli della Banca mondiale il prodotto lordo della Cina nel 1995 espresso in dollari Ppa è quasi cinque volte quello ufficiale, e circa tre volte e mezzo quello dell'Italia.

Un problema simile si pone per i confronti nel tempo: quante lire del 1998 corrispondono a una lira del 1970? (Dal 1999, quanti euro?) Anche il calcolo di appropriati indici di prezzo, necessari per deflazionare i valori aggiunti settoriali, e quindi il Pil, espressi in lire correnti, è soggetto a margini di approssimazione e di arbitrarietà. Non entriamo qui nella definizione dei metodi di calcolo dei deflatori del Pil, utilizzati per ottenerne una misura a prezzi costanti (quelli di un dato anno «base») e consentire quindi di effettuare i confronti in termini «reali». Avvertiamo solo che è possibile che in generale l'inflazione sia un po' sovrastimata, per motivi su cui torneremo più avanti; se così fosse, la crescita reale del Pil sarebbe di regola maggiore di quella ufficialmente rilevata.

Il Pil dell'Italia

Nel 1997 il prodotto interno lordo dell'Italia a prezzi correnti è stato di 1,95 milioni di miliardi di lire, pari a 1.145 miliardi di dollari ai cambi medi dell'anno. Per chi è interessato alle classifiche, l'Italia occupava in quell'anno il sesto posto per dimensione del Pil, dopo gli Stati Uniti (8.111), il Giappone (4.200), la Germania (2.092), la Francia (1.392) e il Regno Unito (1.288; con il Regno Unito vi è da qualche anno un costante «testa a testa»). L'ultimo membro del Gruppo dei Sette, il Canada, con 626 miliardi, viene in effetti ormai al nono posto, dopo la Cina e il Brasile (rispettivamente, oltre 900 e oltre 700 miliardi ai cambi correnti; molto di più, come si è detto, considerando il potere d'acquisto interno). Seguono, con oltre 300 miliardi, Spagna

(530), Corea del Sud (440), Russia (440), Messico (410), Australia (390), India (390), Paesi Bassi (360).

Per quel che valgono simili confronti, secondo i calcoli della Banca mondiale il Pil italiano costituiva nel 1996 quasi il 4 per cento del Pil del mondo, e poco meno del 5 per cento del prodotto complessivo dei paesi ad alto reddito. Questi ultimi paesi a loro volta costituiscono oltre l'80 per cento dell'economia mondiale a cambi correnti, ma solo il 58 per cento se si corregge per il potere d'acquisto.

Come si è modificata la posizione dell'Italia negli ultimi decenni? Tra il 1970 e il 1997, il Pil italiano è cresciuto, a prezzi costanti, del 92 per cento. Tra i cinque paesi maggiori, il Giappone è cresciuto in misura molto superiore (161 per cento); gli Stati Uniti sono cresciuti del 114 per cento; la Francia pressappoco quanto l'Italia; Germania e Regno Unito in misura inferiore.

Il prodotto pro capite

In valore assoluto, il Pil misura la dimensione dell'economia ma non il livello del benessere dei suoi abitanti. Il prodotto dell'Australia (18 milioni di abitanti) è pressappoco uguale a quelli della Russia (150 milioni) e dell'India (quasi un miliardo). Come si modifica la posizione relativa dell'Italia se si considera non la grandezza della torta, ma quella della fetta che tocca, in media, a ciascun abitante?

Il prodotto pro capite dell'Italia, a prezzi correnti, era nel 1996 pari a circa 33 milioni di lire, 20.000 dollari ai cambi dell'anno. Secondo i calcoli della Banca mondiale, altri 16 paesi, tra grandi e piccoli, avevano un prodotto pro capite superiore. I più elevati (oltre 44.000 dollari) erano quelli del Lussemburgo e della Svizzera; il Giappone presentava un valore di poco inferiore (41.000). Degli altri paesi che avevano un reddito pro capite superiore a quello italiano, nove sono europei (tra cui la Germania, 29.000

dollari, e la Francia, 26.000; e inoltre i paesi scandinavi, l'Austria, il Belgio e i Paesi Bassi). Gli altri sono gli Stati Uniti (28.000), due paesi asiatici (Hong Kong e Singapore) e l'Australia. Il Regno Unito presenta un valore appena inferiore a quello dell'Italia (19.600). I paesi ricchi di petrolio, oggi, non hanno più redditi particolarmente elevati rispetto a quelli dei paesi avanzati: Kuwait ed Emirati Arabi Uniti sono intorno ai 15.000 dollari, l'Arabia Saudita a meno di 8.000.

La correzione per il potere d'acquisto peggiora la posizione relativa di alcuni dei paesi nominalmente più ricchi, perché alti redditi sono generalmente accompagnati da alti livelli dei prezzi. Il caso più vistoso è quello del Giappone, il cui prodotto pro capite è più del doppio di quello italiano ai tassi di cambio correnti ma, secondo la Banca mondiale, solo del 18 per cento più elevato usando i cambi Ppa. Simile il caso della Germania: il reddito tedesco è quasi il 50 per cento in più di quello italiano ai cambi correnti, pressoché uguale ai cambi Ppa. In altre parole, i giapponesi e i tedeschi risultano molto ricchi quando viaggiano all'estero o comprano merci estere, ma in patria dispongono di un reddito reale simile a quello italiano.

La distanza tra paesi ricchi e poveri è grande. Per esempio, ai cambi correnti il prodotto pro capite dell'Italia è quasi dieci volte quello della Russia, quasi trenta volte quello della Cina, oltre cinquanta volte quello dell'India. Correggendo per il potere d'acquisto il divario si riduce ma resta enorme: il rapporto è quasi 5:1 tra Italia e Russia, circa 6:1 tra Italia e Cina, circa 13:1 tra Italia e India.

Dal dopoguerra a oggi, la posizione relativa dell'Italia si è fatta considerevolmente migliore. Nel 1950, all'alba del «miracolo economico», il prodotto pro capite dell'Italia era meno di un terzo di quello degli Stati Uniti (come lo sono oggi, per fare qualche esempio, quelli dell'Argentina, del Portogallo o della Corea del Sud); nel 1995 il rapporto era salito a oltre due terzi. Come si è già detto, il progressivo miglioramento è solo rallentato, ma non si è interrotto, dopo gli anni sessanta. Tra il 1970 e il 1997, il prodotto reale pro capite è cresciuto del 78 per cento in Italia, contro il 65 per cento della Francia, il 64 per cento del Regno Unito, il 59 per cento degli Stati Uniti, il 35 per cento della Germania. Neanche la Spagna, che partiva da un livello assai inferiore, è cresciuta più dell'Italia. Tra i maggiori paesi solo il Giappone ha mantenuto ritmi di crescita nettamente superiori (oltre il 100 per cento); nel 1950 il prodotto pro capite del Giappone era la metà di quello italiano!

Contrariamente a quello che si potrebbe pensare, gli anni settanta, nonostante condizioni di instabilità economica, politica e sociale, non sono stati anni di bassa crescita; al contrario, il tasso di crescita medio annuo è stato più elevato negli anni settanta (3,6 per cento) che negli anni ottanta (2,2); negli anni novanta si è ridotto ancora (1,1 tra il 1990 e il 1997).

Lo sviluppo relativamente soddisfacente dell'Italia è stato reso possibile da un rapido aumento della produttività del lavoro (espressa dal semplice rapporto tra il valore aggiunto a prezzi costanti in un dato settore e le unità di lavoro in esso occupate). Fatto 100 il 1970, la produttività del settore manifatturiero risultava nel 1997 pari a 284. Questo aumento è ben superiore a quelli della Germania (196), della Francia (234) e persino del Giappone (267).

Qualche spiegazione

Quali sono stati gli elementi di forza che hanno consentito all'Italia, almeno fino a pochi anni fa, di conseguire tassi di sviluppo relativamente elevati? Alcune questioni saranno sviluppate nel resto del libro. Possiamo tuttavia fare subito presenti due punti.

Catching up. L'economia italiana all'inizio degli anni settanta era ancora relativamente arretrata rispetto a quella degli Stati Uniti e di molti paesi europei. In un mondo aperto agli scambi di merci, di capitali e di idee, chi è indietro ha molte *chances* di ricuperare («*catch up*») rispetto alla pattuglia di testa. È più facile e meno costoso innovare comprando (o copiando) un'idea dagli altri che inventando di sana pianta. Tecnologie e istituzioni più efficienti si diffondono in mercati aperti e integrati. Per chi fa parte di tali mercati, la spinta equalizzatrice è potente: chi parte svantaggiato tenderà a crescere più in fretta, sempre che i costi interni, tra cui quello del lavoro, rimangano in linea con la produttività e non mettano fin dal principio le imprese nazionali fuori mercato. Chi invece ne è fuori perde terreno: così è avvenuto per i paesi a economia pianificata, per gran parte dell'Africa, nonché per alcuni grandi stati in Asia e in America latina, che hanno a lungo coltivato l'illusione di promuovere lo sviluppo con lo strumento del protezionismo.

Sebbene il *catching up* rappresenti solo una tendenza generale, non una legge immutabile (i controesempi non mancano), è probabile che esso abbia avuto un ruolo importante nel contribuire a determinare, nell'arco dei decenni, la crescita dell'Italia; non a caso il ritmo del *catching up* dell'Italia si è affievolito via via che la distanza dal gruppo di testa si riduceva. Da questo punto di vista, il merito delle classi dirigenti italiane è stato quello di avere scelto con coraggio la via dell'apertura internazionale, fin dal Trattato di Roma del 1958, anche se la relativa arretratezza dell'economia italiana avrebbe potuto allora indurre a qualche miope cautela (i cui sostenitori, infatti, all'epoca non mancarono). Di fronte a una sfida analoga, e con simili prospettive di sviluppo se la si saprà raccogliere, si trovano oggi paesi come la Grecia e il Portogallo.

Specializzazione flessibile. Di alcune caratteristiche strutturali del sistema delle imprese italiane si parlerà più avanti (cap. 3), ma fin d'ora si può dire che il punto di forza della tipica impresa italiana (piccola, a conduzione familiare, specializzata in settori che non richiedono investimenti particolarmente ampi e impegnativi) è sempre consistito in un'estrema capacità di adattamento. In senso difensivo, questa caratteristica ha consentito alle piccole imprese italiane di attenuare l'effetto negativo della rigidità del mercato del lavoro, dei mille «lacci e lacciuoli», e della generale inefficienza della pubblica amministrazione, che ancora rappresentano i veri punti deboli dell'economia italiana. Questa flessibilità ha un risvolto patologico, consistente nella diffusione di una certa elasticità, se così vogliamo chiamarla, circa il rispetto delle leggi fiscali e di tutela sociale: nominalmente più pesanti che altrove, ma di fatto, a quel che si crede, largamente disapplicate. Anche questo fatto forse ha contribuito allo sviluppo, ma a prezzo di alti costi civili e anche economici.

D'altra parte, va riconosciuto che la flessibilità delle imprese non ha avuto solo un ruolo difensivo: essa si è rivelata anche un prezioso strumento competitivo nel momento in cui i gusti dei consumatori e il progresso della tecnologia nei paesi ricchi rendevano sempre meno redditizie le produzioni di massa e sempre più apprezzate varietà e adattabilità. In questo senso, le piccole imprese italiane in certi settori «leggeri» hanno saputo mantenere una posizione di relativa forza.

Lo stock di ricchezza

Come si è già detto, la ricchezza in senso proprio, cioè lo *stock* di risorse complessivamente disponibili in un certo momento per la collettività, non è facile da misurare. Stimare l'ammontare del capitale produttivo esistente, ad esempio, è concettualmente, oltre che statisticamente, complesso; ancor più arduo è attribuire un valore oggettivo a cose per cui non esiste un mercato vero e proprio, come l'ambiente, le risorse naturali o i monumenti storici. Qualche stima non manca. Poiché, però, i metodi non sono del tutto assestati, le comparazioni internazionali sono assai problematiche; qui le ometteremo quasi del tutto.

La definizione più ampia disponibile è quella di ricchezza

nazionale. La ricchezza nazionale è la somma della ricchezza netta (la differenza, cioè, tra il totale delle attività e il totale delle passività) delle famiglie e delle imprese (positiva) e di quella (attualmente, in Italia, negativa, cioè consistente in un debito netto) del settore pubblico; essa include sia elementi finanziari (titoli rappresentativi di credito o di proprietà) sia elementi reali (quali, ad esempio, immobili, macchinari e mezzi di trasporto). Alla fine del 1995, secondo le stime disponibili (peraltro soggette a un ampio margine di incertezza e, di tanto in tanto, a significative revisioni), la ricchezza nazionale era pari a 8,7 milioni di miliardi di lire, circa 5 volte il Pɪʟ dell'anno.

La componente più importante della ricchezza nazionale è la ricchezza delle famiglie (l'accumulo, cioè, dei loro risparmi), di cui è interessante esaminare non solo l'entità ma anche la composizione. In complesso, la ricchezza delle famiglie era pari, sempre nel 1995, a 4,4 volte il Pɪʟ. Lo stesso rapporto era pari a 3,9 nel 1980 e 3,5 nel 1970: nell'arco del tempo, dunque, la ricchezza è cresciuta più del prodotto, grazie all'elevata propensione al risparmio delle famiglie.

Il rapporto fra elementi finanziari e reali nella ricchezza delle famiglie si è considerevolmente modificato nel corso del tempo; il peso della componente finanziaria si è accresciuto, anche se la componente reale resta prevalente.

La ricchezza reale, pari al 90 per cento del totale negli anni cinquanta, era scesa al 70 per cento nel 1970. Nel corso degli anni settanta e dei primi anni ottanta la sua incidenza è tornata temporaneamente a crescere, soprattutto per effetto della crescita del valore dei fabbricati. Dopo aver oltrepassato il 75 per cento all'inizio degli anni ottanta, si è ridotta di nuovo, sempre soprattutto per effetto dell'andamento dei prezzi delle abitazioni; nel 1995 essa era pari al 63 per cento.

Oltre che di fabbricati, la ricchezza reale delle famiglie consiste di terreni e di beni durevoli (mobili, mezzi di trasporto, gioielli, apparecchi, e così via). Nell'arco dei decenni, il peso dei terreni si è ridotto fin quasi ad annullarsi (dal 20 per cento del totale nel 1951 a meno del 2 per cento oggi), mentre è cresciuto quello dei beni durevoli (dal 4 all'11 per cento).

Il peso della ricchezza finanziaria ha seguito un andamento speculare a quello della ricchezza reale: in crescita fino al 1970, ridotto negli anni dell'inflazione a due cifre, di nuovo in crescita negli anni ottanta. Tra le sue principali componenti, il contante ha un peso molto ridotto e in calo (attualmente l'1 per cento); i depositi bancari e postali hanno oscillato tra il 10 e il 15 per cento, senza una netta tendenza verso l'alto o verso il basso. La componente che più è cresciuta (da valori prossimi a zero negli anni settanta all'attuale 10 per cento circa) sono i titoli di Stato. Il peso delle azioni e partecipazioni, quasi il 20 per cento all'inizio degli anni cinquanta, si è rapidamente ridotto negli anni settanta, fino a valori trascurabili nel 1977; poi è tornato a crescere, soprattutto nella seconda metà degli anni ottanta (all'epoca del «boom» della Borsa). Attualmente è un po' inferiore al 10 per cento, quindi paragonabile a quello dei titoli di Stato.

Secondo le comparazioni disponibili (non prive, come si è detto, di incertezze), rispetto agli altri maggiori paesi europei le famiglie italiane possiedono una maggior quota di titoli di Stato e di partecipazioni dirette in imprese, mentre scarsa è la quota di fondi pensione, assicurazioni sulla vita e altre forme di investimento collettivo. Questa situazione potrebbe modificarsi significativamente nei prossimi anni, grazie a innovazioni normative. Interessante è anche l'incidenza delle passività finanziarie. A paragone degli altri paesi europei, le famiglie italiane sono poco indebitate, a causa sia della relativa abbondanza del risparmio, sia – probabilmente – della minore efficienza del mercato del credito al consumo (essa stessa causa, peraltro, dell'alta propensione al risparmio).

2. *Le molte dimensioni del benessere*

L'Italia è dunque una delle maggiori economie al mondo per dimensione del Pɪʟ; ha avuto anche negli ultimi venticinque anni una crescita soddisfacente rispetto agli altri paesi industriali (non però, sia detto per inciso, rispetto ai più dinamici fra i paesi in via di sviluppo, i cui ritmi di *catching up*, fino alla recente crisi, sono stati impressionanti); ha un reddito pro capite elevato e una ricchezza crescente.

Ma prodotto, reddito e ricchezza sono solo alcuni degli elementi che concorrono a determinare il benessere dell'economia. Questo capitolo esamina le più importanti tra le variabili che esprimono altre dimensioni economiche del benessere: la disoccupazione, l'inflazione, la distribuzione del reddito. Aggiungiamo, almeno come esempi, alcuni indicatori relativi a fenomeni non strettamente economici (salute, istruzione, disponibilità di beni), che contribuiscono al benessere sia direttamente, sia attraverso l'influenza che essi esercitano sulla capacità produttiva.

La misura dell'occupazione e della disoccupazione

La disoccupazione è uno spreco di risorse e una fonte di disagio e di disuguaglianza. Quando supera certi limiti (quantitativi e temporali) crea povertà diffusa; può giungere a mettere in discussione, a causa della frustrazione e delle privazioni sofferte dai disoccupati, gli stessi valori su cui si reggono il tessuto della società e la pacifica convivenza civile.

Le condizioni del mercato del lavoro sono misurate da tre rapporti: il tasso di occupazione, il tasso di disoccupazione e il tasso di attività. Il primo è definito dalla quota delle persone che hanno un lavoro sul totale della popolazione (generalmente si considera la popolazione in età lavorativa, per esempio dai 15 anni in su; le definizioni possono variare). Gli altri due fanno uso del concetto di popolazione attiva (o forze di lavoro), costituita da tutte le persone disponibili al lavoro: vale a dire, dalla somma degli occupati e dei disoccupati. Il tasso di attività è dato dalla quota della popolazione attiva sul totale; il tasso di disoccupazione dalla quota dei disoccupati sulla popolazione attiva.

Quest'ultimo è il più conosciuto; ma, come nel caso del Pil, è bene essere consapevoli di qualche problema di definizione, che riguarda del resto anche il tasso di attività. Infatti, mentre la condizione di *occupato* è oggettiva (entro certi limiti), più arduo è stabilire che cosa si intende per persona soggettivamente «disponibile al lavoro», e quindi definire la condizione di *disoccupato*. La disponibilità a lavorare è sempre soggetta a determinate condizioni (retribuzione, gravosità, contenuto professionale, ambiente di lavoro, località), la cui intensità varia da individuo a individuo e da momento a momento. La distinzione tra chi non ha lavoro perché non lo trova, e chi non ce l'ha perché non lo cerca, è labile. Un fenomeno concretamente ricorrente, che illustra questo punto, è quello del «lavoratore scoraggiato»: quando le occasioni di lavoro sono scarse, una persona in cerca di occupazione, in mancanza di concrete prospettive, può passare a definirsi «non appartenente alle forze di lavoro» anziché «disoccupata». Al contrario, nei momenti in cui l'occupazione cresce, talvolta cresce paradossalmente anche la disoccupazione, perché alcuni «lavoratori scoraggiati» (o, più frequentemente, lavoratrici) tornano sul mercato.

Per alleviare il problema della comparabilità internazionale, i paesi avanzati hanno adottato definizioni standard. Per essere classificato «disoccupato» non basta che un individuo si definisca tale; occorre che abbia compiuto, nell'arco di un tempo determinato, certe azioni concrete di ricerca di lavoro, come partecipare a un concorso o rispondere a un annuncio. Parte del problema comunque resta: l'elemento soggettivo è ineliminabile, ed è probabile che esso influisca sui dati in modo diverso da paese a paese e da periodo a periodo, a causa di differenze istituzionali, culturali e sociali.

La disoccupazione in Italia

Nonostante tutte queste cautele metodologiche, un fatto è chiaro: mentre sotto altri aspetti i paesi avanzati sono tutti simili fra loro, dal punto di vista della disoccupazione le differenze sono rilevanti. In quasi tutti i paesi (gli Stati Uniti sono un'importante eccezione) la disoccupazione è cresciuta dal 1970 a oggi, ma i livelli attuali sono molto diversi. In particolare, essa è considerevolmente più alta nei paesi dell'Europa continentale, più bassa nei paesi anglosassoni e in Giappone.

In Italia la disoccupazione era pari al 4 per cento nel 1970; oggi supera il 12 per cento. La crescita è stata moderata (circa un punto e mezzo) nel primo decennio, molto più rapida in seguito. Il tasso di disoccupazione delle donne è poco meno che doppio di quello degli uomini (17 contro 9,5 per cento nel 1998). Molto elevata è la disoccupazione giovanile (più di un terzo delle forze di lavoro della relativa fascia di età), così come quella di lunga durata. In Italia i due terzi dei disoccupati sono tali da più di un anno. A parità di tasso di disoccupazione, una maggior quota di disoccupati di lunga durata ha implicazioni più serie sulla disuguaglianza; inoltre, è più difficile trovarvi rimedio. Un conto, infatti, è se a *molti* lavoratori capita di tanto in tanto un breve periodo di inattività; un altro conto è se *pochi* restano disoccupati a lungo. Questi ultimi corrono anche il rischio di un'emarginazione permanente: più si resta senza lavoro, infatti, più diventa difficile trovarlo, per l'obsolescenza delle competenze professionali, per la perdita dei contatti, per la stessa diffidenza soggettiva che il lavoratore può suscitare in un potenziale datore di lavoro dopo un lungo periodo di inattività.

In Francia e in Germania il tasso di disoccupazione è oggi pressappoco uguale a quello italiano; il peggioramento rispetto al 1970 è stato ancora maggiore che in Italia, dato che i livelli di partenza erano più favorevoli (in Germania la disoccupazione nel 1970 era meno dell'uno per cento). La somiglianza dei tassi medi attuali, però, è in qualche misura fuorviante. Mentre altrove la disoccupazione è diffusa, in Italia è molto concentrata. Anche in Francia e in Germania la disoccupazione giovanile e quella femminile sono un po' più alte della media, ma la differenza è assai più ridotta che in Italia; inoltre negli stessi paesi la disoccupazione di lunga durata rappresenta meno della metà del totale. Ma la questione di gran lunga più importante è quella territoriale. Nel Centro-Nord dell'Italia la disoccupazione (poco più del 7 per cento nel 1998) è significativamente inferiore alla media nazionale ed europea, oltre che a quella dei paesi appena considerati; è ancora più bassa nel Nord propriamente detto; nel Sud, supera il 20 per cento. Divari regionali di questa portata sono sconosciuti agli altri paesi; perfino la differenza fra i tassi di disoccupazione nell'Est e nell'Ovest della Germania è minore (meno di sette punti nel 1996), nonostante le vicende del tutto particolari della Germania orientale.

In Italia, dunque, la questione dell'occupazione non può essere vista come un unico fenomeno; essa è qualcosa di completamente diverso al Nord e al Sud, e in effetti si sovrappone largamente con la questione meridionale. Ne riparleremo più avanti. Per ora osserviamo solamente, più in generale, che queste fortissime differenze fra un gruppo e un altro nell'incidenza della disoccupazione suggeriscono che in Italia il mercato del lavoro sia molto segmentato: con un nucleo di *insiders* efficacemente tutelati contro il rischio della disoccupazione, e gruppi di *outsiders* (giovani, donne, meridionali, soprattutto se in cerca di prima occupazione) che invece si scontrano con formidabili barriere all'entrata.

Un dubbio frequentemente espresso è che i dati sulla disoccupazione italiana, specialmente al Sud, possano essere troppo pessimistici perché non tengono conto del lavoro sommerso. L'indagine dell'Istat sulle forze di lavoro, però, è condotta sulla base di una rilevazione rivolta non alle imprese ma alle famiglie; per di più i questionari dell'indagine sulle forze di lavoro sono corredati di numerose domande di controllo, tese ad accertare l'esistenza di occupazione non esplicitamente dichiarata. In questo modo l'occupazione effettiva, anche se irregolare, non dovrebbe sfuggire facilmente alla rilevazione. Il numero di occupati così stimato è infatti più elevato di quello ricavato dalle dichiarazioni delle imprese; la differenza è in larga misura costituita da lavoro sommerso. È possibile che una frangia sfugga anche all'indagine sulle forze di lavoro, ma è improbabile che la sua consistenza sia tale da cambiare in modo drastico il quadro.

Mentre in Germania e in Francia il tasso di disoccupazione medio è poco minore di quello italiano, nel Regno Unito e negli Stati Uniti si osservano tassi assai inferiori, attualmente dell'ordine del 6 e del 4 per cento, rispettivamente. Negli Stati Uniti, nel lungo periodo, non c'è stata alcuna tendenza alla crescita della disoccupazione; nel Regno Unito la crescita è stata più moderata che altrove. Anche la struttura della disoccupazione è diversa. Non esiste alcun specifico problema femminile: i tassi di disoccupazione per sesso sono pressappoco uguali l'uno all'altro negli Stati Uniti, mentre nel Regno Unito quello femminile è addirittura più basso di quello maschile (perché le vecchie occupazioni di tipo operaio, tipicamente maschili, sono state soppiantate da occupazioni nel terziario, spesso femminili). Nel 1997 la disoccupazione di lunga durata, pari al 39 per cento del totale nel Regno Unito, era inferiore al 9 per cento negli Stati Uniti, dove il mercato del lavoro è molto più fluido (anche se i problemi di definizione e le differenze di struttura sociale consigliano una certa cautela nell'interpretazione di questi dati). Anche in Giappone, infine, il tasso di disoccupazione è di poco superiore al 4 per cento, anche se mostra una tendenza alla crescita negli ultimi tempi.

La popolazione attiva e il tasso di occupazione

Meno conosciuto del tasso di disoccupazione è quello di occupazione, che è invece importante, sia perché non soffre di seri problemi di definizione, sia per il suo significato intrinseco. Esso rappresenta infatti la misura in cui l'economia è in grado di sfruttare, in definitiva, la propria «capacità potenziale» di lavoro.

Il tasso di occupazione è, algebricamente, il prodotto del tasso di attività per il complemento all'unità del tasso di disoccupazione. In altre parole, esso sintetizza l'effetto congiunto delle scelte individuali circa il presentarsi o meno sul mercato del lavoro, e delle *chances* di trovare lavoro quando lo si cerca. Come si è detto prima, le due cose non sono indipendenti, soprattutto se si considerano le variazioni di breve periodo; nel lungo periodo, però, il tasso di attività è influenzato più che altro da fattori culturali e sociali.

Il tasso di occupazione dell'Italia è molto basso: calcolato sul totale della popolazione in età lavorativa, esso è attualmente poco superiore al 50 per cento (per la precisione, 51,6 per cento nel 1998). Negli altri maggiori paesi il tasso di occupazione è più elevato. La differenza è sensibile anche rispetto a quei paesi dell'Europa continentale che sono caratterizzati da una disoccupazione simile a quella italiana (nel 1997 essa era di otto punti rispetto alla Francia, di tredici rispetto alla Germania); il divario è ancora più forte rispetto a Giappone, Regno Unito e Stati Uniti, dove il tasso di occupazione supera il 70 per cento. Il fatto che in Italia solo una persona in età lavorativa su due sia effettivamente occupata è un problema la cui gravità non ci sembra percepita abbastanza dall'opinione pubblica.

Anche il tasso di attività italiano è basso. Esso è molto diverso fra uomini e donne (73 e 45 per cento, rispettivamente, nel 1998), ma inferiore agli altri paesi considerati per entrambi i sessi. Nel caso del tasso di attività maschile, la distanza è piccola rispetto a Francia e Spagna; sale a sette punti rispetto alla Germania; supera i dieci rispetto al Regno Unito, agli Stati Uniti e al Giappone. Probabilmente il principale motivo di queste differenze riguarda il grado di copertura offerto dal sistema delle pensioni: in Italia, infatti, si va (e soprattutto si andava) in pensione prima che altrove. Quanto alle donne, il tasso di attività italiano è un po' inferiore a quello spagnolo (peraltro in rapida crescita negli ultimi anni) e molto inferiore a quello di tutti gli altri paesi; la differenza va da 16 punti (Giappone) a quasi trenta (Stati Uniti). Anche qui gioca la generosità del sistema pensionistico, accentuata dal fatto, difficile da razionalizzare, che le donne in Italia vanno in pensione prima degli uomini pur avendo una speranza di vita più lunga. Giocano però anche fattori culturali, comuni ad altri paesi mediterranei, che si modificano solo molto lentamente. Tra il 1970 e oggi il tasso di attività femminile è cresciuto di dieci punti, mentre quello maschile si è fortemente ridotto. Ma altrove lo stesso tasso è cresciuto di più, benché partisse da livelli più elevati: nel Regno Unito, ad esempio, il tasso di attività femminile è salito dal 50 per cento del 1970 al 68 per cento del 1997.

L'inflazione

I danni che l'inflazione può provocare sono più sottili e meno evidenti di quelli della disoccupazione, ma non meno gravi. I principali sono due. In primo luogo, l'inflazione disturba il funzionamento del meccanismo-chiave dell'allocazione delle risorse nelle economie di mercato, cioè il sistema dei prezzi relativi. In secondo luogo, essa ha effetti redistributivi potenti e ciechi. Tutti e due derivano essenzialmente dal fatto che, quando l'inflazione è alta, essa è anche difficile da prevedere e perfino da misurare *ex post* con precisione. Quanto più l'inflazione è elevata e incerta, tanto più diventa difficile valutare se un certo prezzo (o salario) è effettivamente salito o sceso *rispetto agli altri*. I mercati (dei beni, del lavoro, ecc.) perdono la bussola, perché i segnali rappresentati dai prezzi relativi risultano offuscati, e «illusioni monetarie» permangono per tempi più o meno lunghi; l'efficienza dei mercati ne risente. Quanto agli effetti redistributivi, essi dipendono dal fatto che alcune forme di reddito e di ricchezza sono tutelate più efficacemente di altre: quali grazie a meccanismi formali di indicizzazione (come era la scala mobile), quali con atti discrezionali di governo (come l'adeguamento di prezzi amministrati), quali con ricontrattazioni frequenti, e così via. Comunque, non esistendo meccanismi di indicizzazione perfetta, ciascun tipo di reddito o ricchezza risponde all'inflazione in modo diverso e in parte imprevedibile. A lungo andare prezzi e redditi relativi tendono a riaggiustarsi, ma barriere istituzionali e psicologiche possono rendere l'aggiustamento lento e controverso: effetti indesiderati dal punto di vista dell'equità o dell'efficienza possono permanere per anni.

Anche la misura dell'inflazione è, per forza di cose, approssimativa e in parte arbitraria. In questo caso, tuttavia, vorremmo mettere in guardia il lettore piuttosto contro un eccesso di diffidenza che contro un eccesso di fiducia nelle statistiche ufficiali. Chiaramente, siccome il tasso di inflazione è una media delle variazioni di moltissimi prezzi, la sua misura dipende da quali prezzi si prendono in considerazione e da come si calcola la media; scelte diverse conducono a risultati non identici. Nei maggiori paesi, però, le statistiche dei prezzi (in particolare dei prezzi al consumo, di cui qui ci occuperemo) sono basate su diverse centinaia di prodotti e migliaia di rilevazioni, e il calcolo della media riflette un ragionevole paniere di spesa. In queste condizioni i margini di arbitrarietà sono abbastanza ristretti. Poiché tutti noi «rileviamo» ogni giorno i prezzi al consumo che più ci interessano, e poiché tendiamo a essere colpiti più dagli incrementi elevati che da quelli modesti o nulli, spesso ci convinciamo che l'inflazione «ufficiale» sia sottostimata.

Questo può capitare talvolta: ma non c'è alcun motivo di credere che accada come regola.

Al contrario, vi è la possibilità che l'inflazione ufficiale, così come usualmente viene misurata, tenda a essere un po' sovrastimata. A sostegno di questa tesi esistono alcune ragioni tecniche, ampiamente dibattute, su cui non vale la pena di soffermarsi qui; ma una questione può essere menzionata. Nella costruzione di un indice che segue l'evoluzione dei prezzi nel tempo, uno dei problemi da risolvere consiste nel trovare un modo per inserirvi nuovi prodotti. L'Istat, per esempio, pubblica un indice che risale fino al secolo scorso. In casi del genere, come si trattano i prezzi delle lavatrici, delle automobili, dei computer, di tutti i beni che un secolo fa non esistevano? Le convenzioni utilizzate non sono sempre tali da assicurare che si tenga conto a dovere dei miglioramenti di *qualità* dei nuovi prodotti rispetto ai vecchi. In altre parole, è possibile che in alcuni casi l'aumento dei prezzi nasconda un aumento di qualità, rendendo scorretto il confronto nel tempo. Il problema è particolarmente importante nel caso dei servizi, che in tutti i paesi costituiscono una quota sempre maggiore dei consumi.

In ogni caso, l'eventuale sovrastima dell'inflazione non ha molto rilievo dal punto di vista dei confronti internazionali, perché un fenomeno del genere, se si verifica, si verifica più o meno dappertutto.

In Italia, come in tutti i paesi dell'area dell'euro, oggi l'inflazione è bassa. Non è sempre stato così. Anche se in tutta Europa l'inflazione degli anni settanta e ottanta era significativamente maggiore di quella di oggi, l'Italia è stata caratterizzata, per lunghi periodi, da una crescita dei prezzi notevolmente più elevata della media.

A partire dalla stabilizzazione del 1947, per circa vent'anni il tasso di inflazione italiano si era in realtà mantenuto relativamente moderato (3,5 per cento, in media, negli anni cinquanta e sessanta, valore analogo a quello degli altri maggiori paesi). Dalla fine degli anni sessanta però i prezzi italiani cominciarono ad accelerare, in relazione all'accumularsi di squilibri di varia origine, su cui torneremo nel capitolo 4. Nel 1973-74 alle tensioni di origine interna si aggiunse il primo shock petrolifero; l'inflazione crebbe rapidamente, superando per la prima volta il 20 per cento, e si mantenne elevata – pur tra ampie oscillazioni – per tutti gli anni settanta. Tra il 1970 e il 1980 i prezzi crebbero in media del 14 per cento l'anno, più o meno come in Spagna e nel Regno Unito, ma considerevolmente di più che in Francia (10), Giappone (9), Stati Uniti (8) e Germania (5).

Dopo aver superato nuovamente il 20 per cento nel 1980, nel corso degli anni ottanta l'inflazione italiana prese a diminuire gradualmente grazie a una politica monetaria restrittiva, all'ancoraggio del cambio della lira nel Sistema monetario europeo e a una maggiore moderazione salariale. Ma la disinflazione degli anni ottanta fu comune a tutti: per questo il divario fra l'inflazione italiana e quella degli altri maggiori paesi non scomparve. L'inflazione media degli anni ottanta fu appena inferiore al 10 per cento in Italia, mentre fu del 2,5 in Germania e del 2 in Giappone; Regno Unito, Francia e Stati Uniti si collocavano allora in una posizione intermedia.

Nonostante il forte deprezzamento della lira dopo la crisi valutaria del 1992, il processo di disinflazione si è rafforzato in Italia negli anni successivi. La convergenza è stata assai rapida, anche sotto l'influenza del processo di unione monetaria. Alla nascita dell'unione, l'inflazione italiana era scesa su livelli senza precedenti nel dopoguerra: circa l'1,8 per cento sui dodici mesi, con valori ancora inferiori per i dati più recenti.

Ma ha ancora senso, oggi, parlare di tassi di inflazione nazionali? Che significato dobbiamo dare alle statistiche sui prezzi italiani dal 1999 in poi? Poiché l'inflazione è per definizione un fenomeno legato al segno monetario, con la moneta comune europea essa diventa, essenzialmente, europea. Le differenze tra un paese e l'altro non scompariranno del tutto: proprio come ci sono sempre stati lievi scarti fra l'inflazione misurata in varie regioni d'Italia, così si rileverà una crescita dei prezzi non del tutto uniforme tra Italia, Germania, Francia, e così via. Tuttavia, poiché il metro monetario – l'euro – è ora comune a tutti, è impossibile che tornino a manifestarsi differenziali dello stesso ordine di grandezza di quelli di qualche anno fa.

Se qualche differenza ci sarà, andrà interpretata come una variazione dei prezzi *relativi*. Se, per esempio, in un certo anno l'inflazione italiana sarà superiore a quella della Francia, vorrà dire che i prezzi italiani, espressi in euro come quelli francesi, saranno diventati più alti del passato in rapporto a questi ultimi. D'altra parte, i livelli di partenza dei prezzi in euro nei vari paesi non sono identici; e considerando che la progressiva integrazione economica dell'area tenderà probabilmente a renderli più omogenei, piccoli differenziali nella *variazione* dei prezzi potranno fisiologicamente mantenersi, per questo o altri motivi, per qualche tempo.

Ma c'è un limite a quello che è fisiologicamente ammissibile, una volta che sia esclusa la possibilità di ricorrere a svalutazioni del cambio. A questo proposito, però, più che le statistiche sui *prezzi* nazionali, sarà il caso di osservare quelle sui *costi*. Se i costi di produzione dei beni e servizi (per esempio il costo del lavoro per unità di prodotto) crescessero in Italia più che altrove, e se questo si riflettesse sulla dinamica dei prezzi dei beni e servizi italiani, sarebbe la competitività del sistema produttivo a soffrirne, più che l'inflazione nazionale. Quest'ultima infatti sarebbe moderata dal fatto che i prodotti italiani, troppo cari, verrebbero sostituiti sullo stesso mercato italiano (come sugli altri mercati) da prodotti esteri. Una crescita incontrollata dei costi, dunque, si scaricherebbe non sull'inflazione, ma piuttosto sull'occupazione e sullo sviluppo.

Ricchi e poveri

Come si distribuisce il benessere economico all'interno della collettività nazionale? Quanto, ad esempio, l'elevato reddito medio nasconde differenze fra ricchi e poveri? Rinviamo al capitolo 7 un esame dell'aspetto geografico della disuguaglianza, cioè del divario fra Nord e Sud; qui esponiamo qualche dato sulla concentrazione del reddito delle famiglie e sulla diffusione della povertà a livello nazionale.

Concentrazione del reddito. Uno degli strumenti più frequentemente usati per misurare la concentrazione del reddito o della ricchezza all'interno di una collettività è dato dall'indice di Gini. Questo indice varia in un intervallo compreso tra zero e 100: quanto più esso è alto, tanto maggiore è la disuguaglianza. Nella distribuzione del reddito, i valori tipici dei paesi avanzati si pongono usualmente tra 20 e 50 circa; la concentrazione della ricchezza è di solito maggiore.

Ancor più che per altre grandezze, i confronti internazionali sono resi difficili dalla scarsa comparabilità del materiale statistico di base. Il calcolo di indicatori di disuguaglianza necessita di dati a livello «micro», cioè di singole unità (famiglie). In questo campo non esistono statistiche internazionali standard, come quelle («macro», ossia aggregate) della contabilità nazionale, che nonostante tutto sono sostanzialmente comparabili fra loro e nel tempo grazie a una metodologia comune. Per i diversi paesi ci si affida a campioni di famiglie diversi per dimensione e caratteristiche e a stime metodologicamente alquanto eterogenee; i confronti internazionali sono solo indicativi.

In Italia, la fonte più importante consiste in un'indagine sui redditi e sulla ricchezza delle famiglie condotta, attualmente ogni due anni, dalla Banca d'Italia. Nella seconda metà degli anni settanta e all'inizio degli anni ottanta, l'indice di Gini riferito ai redditi si è ridotto, dal 37,4 del 1977 – l'anno più lontano per cui siano disponibili dati comparabili – al 32,0 nel 1982, che rappresenta il valore più basso del periodo in esame. In altre parole, la distribuzione dei redditi si è fatta, in questo periodo, più egualitaria. Dati relativi ai dieci anni precedenti, benché non strettamente comparabili, suggeriscono che questa redistribuzione fosse iniziata già a partire dal 1970. È difficile non vedere in questo fenomeno l'effetto della redistribuzione *esplicita* del reddito iniziata con le lotte sindacali dell'«autunno caldo» del 1969 e di quella *implicita* causata, dopo il 1975, dall'introduzione del «punto unico» della contingenza, con il quale il sistema di indicizzazione dei salari proteggeva molto più efficacemente i redditi bassi rispetto a quelli alti (si veda il cap. 4).

Negli anni ottanta l'indice di Gini ha oscillato senza tendere né al rialzo né al ribasso. I primi dati per gli anni novanta indicano, invece, un netto rialzo. Vi hanno contribuito l'aumento della disoccupazione e l'accrescersi dei divari regionali. Negli ultimi anni la disuguaglianza sembra essere aumentata in molti paesi avanzati, pur se con un'intensità diversa da caso a caso. Quasi ovunque, si è allargato il ventaglio retributivo tra i lavoratori dipendenti e al tempo stesso si è ridotta la quota del lavoro dipendente tradizionale, dove la struttura delle retribuzioni resta comunque più egualitaria, a vantaggio di forme più flessibili di impiego. Quest'evoluzione è stata più intensa nei paesi anglosassoni, ma ha toccato anche paesi tradizionalmente egualitari come la Svezia.

Povertà. Un altro modo di valutare la distribuzione del reddito consiste nel tentare di stabilire che percentuale della popolazione vive in condizioni di povertà. Statistiche sulla povertà vengono abbastanza frequentemente prodotte e pubblicate, a livello nazionale e internazionale.

La definizione della povertà è convenzionale; due sono le definizioni più usate. La prima è quella di povertà *assoluta*, che fa riferimento a una soglia unica, valida in ogni paese a prescindere dal contesto economico e sociale. La Banca mondiale definisce «povera» una persona che vive con meno di un dollaro (PPA) al giorno. Questo concetto è molto chiaro e si presta a confronti internazionali scevri di equivoci, ma è di scarsa utilità per i paesi sviluppati. Nel 1995, in India, oltre il 50 per cento della popolazione viveva in condizioni di povertà assoluta; in

Cina, quasi il 30 per cento; in Russia, poco più dell'1 per cento; nei paesi avanzati, tra cui l'Italia, quasi nessuno.

Questo significa che in Italia non ci sono poveri? No, se facciamo riferimento a un concetto *relativo* di povertà. Gli indicatori di povertà relativa si fondano sull'idea che, in un paese ricco, una famiglia il cui reddito (o consumo) è molto inferiore alla norma può essere considerata *relativamente* indigente. La soglia che definisce la povertà relativa può variare; secondo la definizione più usata, sono povere le famiglie il cui reddito pro capite è equivalente a meno della metà del reddito medio del paese.

La povertà relativa è un concetto difficile da usare per confronti internazionali. È possibile che in un paese ricco i «poveri» in senso relativo siano più numerosi che in un paese povero; tuttavia i primi dispongono probabilmente di una quantità di risorse economiche maggiore di molti «ricchi» del paese povero.

È utile invece esaminare la distribuzione della povertà a livello nazionale e i suoi mutamenti nel tempo.

In Italia le valutazioni sulla povertà si basano prevalentemente sulle indagini dell'Istat sui consumi delle famiglie. Secondo queste stime, la quota delle famiglie che vivono in condizioni di povertà relativa è stata di poco superiore negli ultimi anni al 10 per cento (intorno al 20 nel Mezzogiorno). Stime basate sui redditi mostrano un'incidenza della povertà più elevata.

Di solito si pensa che la povertà in Italia sia concentrata tra gli anziani. Invece, soprattutto negli ultimi anni, l'incidenza della povertà risulta elevata anche tra le famiglie con figli minori, specialmente se un solo genitore è presente. Secondo uno studio recente basato sui risultati dell'indagine della Banca d'Italia, l'incidenza della povertà nel 1995, in complesso dell'ordine del 17 per cento, saliva al 40 per cento nel caso di famiglie composte da un solo genitore con figli minorenni; al 42 per cento nel caso di famiglie con tre figli o più. Quasi un terzo dei bambini o ragazzi con meno di 15 anni apparteneva a famiglie «povere»; solo l'11 per cento degli anziani (oltre 64 anni) si trovava nella stessa condizione.

Che vi siano più poveri fra i minori che fra gli anziani è vero sin dal 1980, la data più lontana a cui si può risalire sulla base dei dati esistenti; tuttavia, dal 1980 ad oggi l'incidenza della povertà è fortemente cresciuta fra i minori e si è ridotta fra gli anziani. Questo andamento è probabilmente da attribuire al progressivo aumento della spesa per pensioni e alla riduzione degli assegni familiari e di altre simili provvidenze.

Indicatori degli standard di vita

Per chiudere questo capitolo dedicato alle varie dimensioni del benessere, può essere utile prenderne in considerazione, almeno a titolo di esempio, alcuni aspetti non strettamente economici, anche se legati al reddito in maniera più o meno complessa.

Lunghezza della vita. Achille, secondo il mito, non teneva in gran conto la lunghezza della vita come indicatore della sua qualità. Quali che siano le idee del lettore in proposito, la vita attesa può essere utilizzata almeno come utile indicatore delle condizioni generali di salute di una popolazione. Nel 1996 la speranza di vita alla nascita era pari a 78 anni in Italia, con una differenza di sei anni fra uomini e donne (75 contro 81). Negli altri paesi avanzati i valori erano analoghi; leggermente inferiori in Germania, nel Regno Unito e negli Stati Uniti (76-77) e superiori in Giappone (80). Il divario fra uomini e donne oscillava tra i sei e gli otto anni. Tra paesi simili per livello di reddito, le modeste differenze sono probabilmente dovute soprattutto all'alimentazione e alle abitudini di vita.

La differenza di reddito contribuisce invece a spiegare la minore lunghezza attesa della vita in paesi relativamente poveri come Russia (66 anni), Cina (70) e India (63); in numerosi paesi dell'Africa subsahariana la speranza di vita non arriva a 50 anni, soprattutto a causa dell'incidenza della mortalità infantile. (La vita attesa è calcolata sulla base della probabilità di morire a varie età, e nel tempo è cambiata più per la riduzione della probabilità di morire da piccoli che per l'allungamento della vita «normale».) La differenza fra uomini e donne è molto variabile (13 anni in Russia, contro tre in Cina e uno in India): fattori sociali e culturali comportano una grande varietà fra paesi nelle differenze fra i sessi, dovuta sia alle abitudini di vita, sia alla disponibilità di risorse economiche e alimentari e all'accesso all'assistenza sanitaria.

Tornando all'Italia e agli altri paesi avanzati, è notevole il progresso compiuto dappertutto: in circa vent'anni la vita attesa si è allungata di quasi sei anni in Italia, di sette in Giappone, di quattro o cinque negli altri paesi considerati. Il progresso è in gran parte dovuto all'abbattimento della mortalità infantile. Ancora nel 1970 quasi il 30 per mille dei bambini italiani moriva entro il primo anno di età, un valore superiore agli altri maggiori paesi europei; nel 1996 la quota era scesa intorno al 6. La mortalità infantile si è ridotta anche altrove; in Italia la riduzione è stata tra le più rapide.

Istruzione. Da un punto di vista economico, il livello di istruzione della popolazione ha un doppio significato. Da un lato lo si può vedere come un indicatore di benessere, e quindi come un *risultato* dello sviluppo economico. Dall'altro, esso rappresenta «capitale umano»: una forza di lavoro più istruita è più produttiva; un maggiore livello di istruzione è dunque *condizione* dello sviluppo. Sotto il primo aspetto, l'istruzione scolastica è un'attività di consumo; sotto il secondo, di investimento.

L'istruzione è un concetto multidimensionale; non esiste un unico indicatore, e la maggior parte degli indicatori utilizzati (anni di scolarità per gruppi di età della popolazione, quote di iscritti ai vari gradi di scuole, ecc.) tende a misurare più l'*input* che l'*output* del processo educativo: le risorse dedicate all'istruzione, piuttosto che i suoi risultati. Comunque sia, le comparazioni internazionali disponibili non sono favorevoli all'Italia. Sulla base dei risultati del Censimento del 1991, tra la popolazione con più di 14 anni vi erano in Italia oltre un milione di analfabeti in senso stretto e circa 4 milioni di analfabeti funzionali (i quali non avevano completato la scuola elementare). Con questo tasso di analfabetismo (dell'ordine del 10 per cento) si confrontano tassi molto più bassi negli altri maggiori paesi (inferiori all'1 per cento negli Stati Uniti e in Giappone). Considerando la popolazione con più di 25 anni, nel 1994 il 67 per cento degli italiani aveva al massimo conseguito un titolo di studio corrispondente al diploma di scuola media inferiore. Negli altri maggiori paesi, la quota oscillava tra il 16 (Germania e Stati Uniti) e il 33 per cento (Francia); solo in Spagna essa era superiore a quella italiana. All'altro estremo, le persone che possedevano un'istruzione post-secondaria (di livello, cioè, universitario o assimilato) erano l'8 per cento in Italia, contro valori compresi tra poco meno del 20 per cento in Francia e nel Regno Unito e oltre il 30 negli Stati Uniti. Data la varietà dei sistemi scolastici, questi dati non sono strettamente comparabili fra loro; essi tuttavia suggeriscono l'esistenza di un *gap* degno di nota.

I risultati scolastici conseguiti dalla popolazione oggi adulta sono frutto della storia passata. Più interessante è valutare il livello attuale dell'investimento in istruzione (o del suo consumo, a seconda di come si vede questa attività). Un indicatore utile è rappresentato dalla quota della popolazione in età scolastica iscritta alle scuole dei vari gradi. Per l'istruzione primaria, non ci sono differenze significative tra i maggiori paesi sviluppati; in tutti, l'istruzione primaria è obbligatoria e la frequenza si colloca intorno al 100 per cento della relativa fascia di età (spesso è addirittura superiore al 100 per cento, per effetto delle ripetizioni di classi e di simili fenomeni). Al livello della scuola secondaria, tuttavia, la quota italiana (81 per cento nel 1993) è inferiore a quella degli altri paesi considerati, Spagna inclusa; la situazione forse cambierà con l'innalzamento dell'età dell'obbligo scolastico. Per l'istruzione post-secondaria, la quota in Italia è intorno al 37 per cento, valore paragonabile a quello degli altri paesi europei esclusa la Francia (50), superiore al Giappone (30), ma largamente inferiore agli Stati Uniti (oltre 80).

Beni di consumo. Comparazioni internazionali circa la disponibilità relativa di determinati beni, come automobili, televisori, telefoni o computer vengono frequentemente proposte. Come nel caso precedente, questi dati sono indicatori al tempo stesso dello standard di vita e di alcuni fattori che influenzano – direttamente o indirettamente – la competitività delle imprese appartenenti a un dato sistema economico. Senza pretesa di completezza, richiamiamo alcune di queste comparazioni.

Nel 1996, secondo dati pubblicati dalla Banca mondiale, vi erano in Italia 571 automobili ogni 1.000 abitanti, la densità più alta del mondo: il valore corrispondente per gli altri maggiori paesi variava da circa 360-370 nel Regno Unito e in Giappone, a 440 in Francia, 500 in Germania e 520 negli Stati Uniti. Ma altri beni usualmente citati risultano relativamente meno diffusi in Italia. Nel 1996 in Italia c'erano 440 linee telefoniche ogni 1.000 abitanti, valore inferiore a quelli degli altri cinque maggiori paesi (in Francia, Germania e Regno Unito si superavano le 500 linee, negli Stati Uniti le 600). Simile la situazione per gli apparecchi televisivi (436 ogni 1.000 abitanti, contro circa 500 in Germania, circa 600 in Francia e Regno Unito, 700 in Giappone e 800 negli Stati Uniti – il dato italiano è del 1995) e per i personal computer (92 ogni 1.000 abitanti, contro 150-230 nei maggiori paesi europei e più di 350 negli Stati Uniti).

Per citare un ultimo dato la cui importanza è rapidamente crescente, per ora gli Stati Uniti hanno di gran lunga più *hosts* Internet di chiunque altro: oltre 400 ogni 10.000 abitanti (luglio 1997), contro 150 nel Regno Unito, 100 in Germania, 50 in Francia e solo 36 in Italia. Ma in questo campo i numeri si stanno modificando rapidamente; un rapido inseguimento è da attendersi.

Strumenti di pagamento. Dall'oro alla cartamoneta, all'assegno, alla carta di credito, l'evoluzione dei mezzi di pagamento ha consentito nel corso del tempo una progressiva riduzione del costo e del rischio delle transazioni, favorendo così l'efficienza economica complessiva. Dal punto di vista del cittadino-consumatore, il progresso tecnologico nella moneta ha lo stesso effetto che in altri campi: semplifica molte operazioni comuni, e ne rende possibili altre, prima impensate. La carta di credito intelligente sta alla moneta metallica come Internet al piccione viaggiatore.

E proprio come nel caso delle telecomunicazioni, nei confronti internazionali relativi agli strumenti di pagamento l'Italia appare più arretrata di quanto ci si potrebbe aspettare sulla base di un confronto del reddito relativo. Il numero di operazioni pro capite effettuate con strumenti diversi dal contante era nel 1996 pari a 37; negli altri maggiori paesi europei (Germania, Francia e Regno Unito) era da quasi quattro a cinque volte tanto, mentre negli Stati Uniti superava le 300. Queste operazioni, per di più, comprendono strumenti del tutto tradizionali come gli assegni e i bonifici cartacei; i pagamenti effettuati con carta di credito ne costituivano in Italia appena il 9 per cento, contro, per esempio, il 29 per cento del Regno Unito. La diffusione dei terminali Pos (quelli, cioè, che consentono di pagare il conto, per esempio in un negozio, con una carta di credito o di debito) era invece ormai simile a quella degli altri paesi europei e poco inferiore agli Stati Uniti; il numero medio delle operazioni per terminale è però tuttora basso.

Solo il Giappone appare più arretrato dell'Italia in questo campo. Negli ultimi anni c'è stato un po' di *catching up* da parte dell'Italia; il numero delle operazioni effettuate con carte di credito, per esempio, sta crescendo a ritmi dell'ordine del 30 per cento l'anno, superiori a quelli degli altri maggiori paesi.

3. *La struttura*

Abbiamo fin qui trattato del livello e della distribuzione del benessere. In questo capitolo consideriamo in maggior dettaglio come è fatta l'economia italiana in termini di *struttura*, ossia quali sono le caratteristiche qualitative che la contraddistinguono rispetto agli altri maggiori paesi: quanto pesano consumi e investimenti; quali sono i settori produttivi prevalenti; qual è la posizione dell'Italia negli scambi internazionali; come tutte queste caratteristiche si sono modificate nel tempo.

La struttura della domanda: consumi e investimenti

Se si trascurano gli scambi con l'estero, dei quali parleremo più avanti, il prodotto interno lordo può avere due destinazioni finali: consumi o investimenti. In un'economia chiusa agli scambi, gli investimenti di una collettività sarebbero uguali al risparmio (in un'economia aperta essi sono uguali al risparmio più l'indebitamento netto sull'estero). La proporzione fra consumi e investimenti misura, a parità di altre condizioni, il «grado di impazienza» dell'economia. Un popolo di cicale – se è consentita l'immagine – consuma tutto il prodotto; un popolo di formiche consuma poco e accumula molto, per rafforzare la base produttiva e mettersi così nelle condizioni di produrre (e quindi consumare) di più domani.

Rispetto agli altri maggiori paesi, l'Italia è tutto sommato più formica che cicala, anche se la forte propensione al risparmio dei privati negli ultimi due decenni è stata in parte non trascurabile compensata dal risparmio negativo del settore pubblico. La somma dei consumi pubblici e privati era pari nel 1996 al 78 per cento del PIL, valore simile a quelli di Francia, Germania e Spagna e superiore a quello del Giappone (70), ma assai inferiore rispetto al Regno Unito e agli Stati Uniti (circa 85 per cento).

L'incidenza degli investimenti, nello stesso anno, era poco più del 17 per cento. La quota degli investimenti negli altri maggiori paesi è simile (tra il 15 e il 20 per cento), con la sola eccezione del Giappone, che in quell'anno investiva quasi il 30 per cento del PIL.

Dunque l'Italia appare più «formica» guardando i consumi che guardando gli investimenti. La differenza è dovuta alle transazioni con l'estero: negli ultimi anni parte del risparmio nazionale è stato destinato – tramite un avanzo della bilancia dei pagamenti correnti – a ridurre l'ingente debito estero contratto in passato. Torneremo su questo punto tra poco.

L'incidenza degli investimenti sul PIL è diminuita nel corso del tempo in tutti i paesi considerati. In Italia, essa era intorno al 25 per cento negli anni settanta; dagli anni ottanta ha cominciato a ridursi; ultimamente è scesa sotto il 20 per cento.

Vi sono varie possibili spiegazioni per questo fenomeno. Una è basata sull'evoluzione tecnologica. Negli ultimi decenni, un'ondata di innovazione tecnologica, in particolare l'introduzione della tecnologia elettronica/digitale, ha enormemente aumentato la produttività del capitale, riducendone al tempo stesso il costo rispetto ad altri fattori della produzione, e probabilmente modificando la combinazione ottima – in termini monetari – fra capitale e altri fattori in molte produzioni. In altre parole, potrebbero essere oggi necessari relativamente meno investimenti che in passato.

Una seconda spiegazione riguarda il processo di *catching up*. Il tasso ottimale di accumulazione di un certo sistema economico, per preferenze date, dipende dallo *stock* di capitale esistente: se il capitale esistente è poco, il tasso di investimento (netto) dovrà essere elevato; se è molto, gli investimenti necessari sono di entità inferiore. La riduzione dell'incidenza degli investimenti tra il 1970 e oggi è stata in effetti più intensa nelle economie dove essi erano all'inizio relativamente più elevati data la minore dotazione di capitale (come Italia e Spagna), che in quelle già allora più capitalizzate (come Regno Unito e Germania).

Non va infine dimenticato che per tutti gli anni ottanta e per gran parte degli anni novanta il tasso di interesse reale (al netto, cioè, dell'inflazione) è stato elevato in tutto il mondo. Questo è dipeso a sua volta da molti fattori: tra gli altri, dalla pressione esercitata sui mercati finanziari dagli ampi disavanzi pubblici dei maggiori paesi; dall'aprirsi di occasioni di investimento nei paesi in via di industrializzazione, dove il rendimento degli investimenti tendeva a essere elevato; dalla tendenza alla caduta della propensione al risparmio nei paesi più ricchi. Il tasso di interesse è, insieme alle aspettative di domanda, ovviamente uno dei fattori più importanti nelle decisioni di investimento delle imprese.

Gli investimenti consistono di due grandi componenti: quelli in costruzioni (pubbliche e private) e quelli in macchinari, attrezzature e mezzi di trasporto. In Italia, ancor più che in altri paesi, la prima componente ha sistematicamente perso terreno rispetto alla seconda. Nel 1970 gli investimenti in costruzioni rappresentavano il 16 per cento del totale; nel 1997 l'8 per cento. Gli investimenti in costruzioni sono diminuiti a prezzi costanti del 2 per cento all'anno fra il 1990 e il 1997, principalmente a causa della pesante imposizione fiscale sugli immobili e, per le costruzioni pubbliche, del blocco dovuto alle restrizioni fiscali e all'effetto delle inchieste giudiziarie sulla corruzione.

Tra il 1970 e il 1997 l'incidenza dei consumi sul PIL italiano si è accresciuta dal 73 al 78 per cento. I consumi collettivi, costituiti in massima parte dalle spese correnti delle amministrazioni pubbliche, sono cresciuti di più: dal 13,5 al 16,7 per cento, con un aumento progressivo nel corso degli anni settanta e ottanta; nel 1992 si è sfiorato il 18 per cento; da allora è iniziata una riduzione, dovuta al contenimento della spesa pubblica. I consumi privati sono cresciuti dal 60 al 62 per cento del prodotto; in termini reali, l'italiano medio di oggi consuma quasi il doppio di quello del 1970. Anche la relativa composizione si è modificata: seguendo una regola generale, col progressivo arricchirsi della popolazione i consumi alimentari hanno ridotto la propria incidenza, passata da oltre un terzo a circa un sesto del totale tra il 1970 e il 1997; negli ultimi anni la quota si è ridotta più lentamente. Si sono invece espanse le quote sul totale dei consumi dei beni durevoli (automobili, mobili, apparecchi, ecc.), passati da meno dell'8 a più dell'11 per cento e, soprattutto negli ultimi anni, dei servizi. Quest'ultimo fatto è in parte spiegato dalla maggiore incidenza di consumi «ricchi», per esempio i servizi ricreativi e culturali o gli alberghi e ristoranti; in parte dipende dall'accresciuto peso delle spese per l'abitazione.

La struttura della produzione: i grandi settori

Agricoltura. La trasformazione della struttura per settori dell'economia italiana nell'arco delle ultime generazioni è stata radicale. È molto probabile, statisticamente parlando, che il lettore abbia avuto un nonno o un bisnonno contadino; è invece piuttosto improbabile, sempre dal punto di vista statistico, che sia un lavoratore agricolo egli stesso. Al censimento del 1931, quasi la metà degli occupati risultava impiegata nel settore primario; ancora nel 1951, sempre secondo i dati del censimento della popolazione, la quota era pari al 42 per cento. L'esodo dalle campagne, iniziato negli anni cinquanta e protrattosi per decenni, probabilmente non è ancora concluso. Nel 1997 la quota degli occupati in agricoltura, secondo i dati della contabilità nazionale, era scesa al 7,8 per cento, una percentuale assai ridotta rispetto al passato, ma tuttora superiore a quella degli altri maggiori paesi avanzati. Negli Stati Uniti e nel Regno Unito gli occupati in agricoltura sono oggi meno del 3 per cento.

Non è solo un meccanico confronto con gli altri paesi che fa pensare che l'esodo agricolo non sia ancora concluso. Il principale motivo per cui la gente cominciò a lasciare la terra era che in altri settori si guadagnava di più; e le remunerazioni dei settori non agricoli erano più alte perché la produttività del lavoro era più alta. Col tempo la differenza si è attenuata, ma non è scomparsa. Lo mostra il fatto che la quota dell'agricoltura sul totale del valore aggiunto è ovunque inferiore alla quota degli occupati. In Italia, per esempio, con l'8 per cento degli occupati il settore agricolo nel 1997 produceva il 3 per cento del valore aggiunto, il che implica una produttività inferiore alla metà di quella media. Lo scarto di produttività è minore nei paesi anglosassoni, dove la quota dell'occupazione agricola è più ridotta.

In paesi come l'Italia è dunque ragionevole attendersi un ulteriore riequilibrio; a maggior ragione se si considera che nella stessa direzione va l'evoluzione delle politiche pubbliche. Per il settore agricolo, infatti, il sostegno pubblico della produzione e dei redditi ha un'importanza assai maggiore che per altri settori, soprattutto in Europa (grazie alla politica agricola comunitaria) e in Giappone. Questo sostegno ha senz'altro rallentato l'esodo dalle campagne negli ultimi decenni; ma si sta ormai riducendo, sotto il peso di costi insostenibili per le finanze dell'Unione europea.

Industria. Chi lasciava i campi si diresse inizialmente verso le fabbriche; negli anni cinquanta e sessanta la quota dei lavoratori dell'industria crebbe via via che quella dell'agricoltura diminuiva. A partire dagli anni settanta la tendenza è cambiata. I lavoratori dell'industria si sono progressivamente ridotti, da un massimo del 40 per cento circa al 28 per cento del totale; il nuovo esodo è ora diretto verso i servizi, che nel 1997 superavano il 60 per cento.

La terziarizzazione dell'economia è comune ai maggiori paesi; come quella dell'agricoltura, anche la quota dell'industria si è ridotta dovunque negli ultimi venticinque anni. L'espressione «paesi industriali», che ancora si usa per denotare i paesi a maggior reddito, non è letteralmente più giustificata: dovunque i servizi sono ormai il primo settore per dimensione.

Nonostante ciò, le differenze tra un paese e l'altro nella struttura dell'occupazione sono notevoli. Nelle economie anglosassoni l'industria è oggi ridotta a meno di un quarto del totale degli occupati; al contrario, in Germania essa rappresenta tuttora poco meno del 40 per cento. Italia e Giappone si trovano in una posizione intermedia (28-33 per cento). Notevole è stata la trasformazione del Regno Unito, un tempo «opificio del mondo»: la quota degli addetti all'industria è ivi passata dal 44 per cento del 1970, valore allora inferiore solo alla Germania, a meno del 24 per cento.

La maggiore peculiarità dell'Italia consiste nella distribuzione degli occupati all'*interno* dell'industria, particolarmente di quella manifatturiera (l'industria in senso ampio comprende anche i settori energetico e minerario nonché le costruzioni). L'Italia infatti è specializzata in alcune branche a bassa tecnologia e intensità di capitale. Per esempio, l'industria tessile e dell'abbigliamento occupa quasi un quarto degli addetti dell'industria manifatturiera, contro il 10 per cento degli Stati Uniti, il 6 del Giappone, il 5 della Germania. Il settore meccanico (che include molte delle branche tecnologicamente più avanzate) conta invece per il 33 per cento in Italia, contro oltre il 40 per cento negli altri maggiori paesi, in particolare più del 50 per cento in Germania. Questa specializzazione non si è attenuata nel tempo; al contrario, si è accentuata. L'incidenza del settore tessile è diminuita solo di un punto negli ultimi 25 anni, contro sette punti in Germania; quella del settore meccanico è aumentata di un punto, contro otto punti in Germania.

Altrettanto notevole è la caratterizzazione *dimensionale* delle imprese italiane. Al censimento «intermedio» del 1996, quasi un quarto degli occupati nell'industria manifatturiera lavorava in microimprese con meno di 10 addetti; quasi i due terzi in imprese con meno di 100 addetti. Quest'ultima quota può essere confrontata con il 19 per cento della Germania e il 28 per cento del Regno Unito (i confronti sono riferiti al 1990; le definizioni censuarie non sono identiche nei vari paesi). La quota delle piccole imprese, che si era ridotta negli anni cinquanta e sessanta, è tornata a crescere nei decenni successivi. Una simile tendenza si ritrova, negli ultimi decenni, anche in altri paesi; ma altrove si è ben lontani dalla polverizzazione tipica del sistema italiano.

La specializzazione nei settori leggeri e nelle produzioni tradizionali e la prevalenza delle imprese di piccola dimensione accomunano l'Italia piuttosto ad alcuni paesi in via di sviluppo che ai maggiori paesi avanzati. Questo fatto costituisce al tempo stesso un *puzzle* e una fonte di preoccupazione. Da un lato, non è facile spiegare *perché* l'Italia sia così diversa dagli altri principali paesi, se non ricorrendo a vere o presunte caratteristiche socioculturali (individualismo, «familismo»), la cui permanenza nel tempo richiederebbe del resto di essere a sua volta spiegata. Dall'altro, è naturale preoccuparsi circa la capacità competitiva dell'Italia. Se i paesi avanzati hanno dalla loro la superiorità tecnologica, caratteristica dei settori «di punta», e quelli in via di sviluppo il basso costo del lavoro, con che strumenti competono le imprese italiane? Come possono reagire alla sempre maggiore integrazione dei mercati?

Questa preoccupazione suona plausibile e ricorre da decenni nella pubblicistica economica; ma si è finora dimostrata infondata. Specializzandosi in settori a scarsa intensità di capitale e di ricerca, per i quali le economie di scala (cioè i vantaggi economici della grande dimensione) sono poco rilevanti, le piccole imprese italiane hanno puntato le proprie carte sull'innovazione dei prodotti, sulla flessibilità della produzione e sulla capacità di adattarsi rapidamente alle mutevoli condizioni dei mercati. Tra l'altro, esse hanno dato luogo in molti casi a peculiari aggregazioni produttive locali di piccole imprese appartenenti a un unico settore (i «distretti industriali»), in cui l'efficienza della rete di relazioni fra imprese, l'ampia disponibilità di manodopera qualificata, una diffusa cultura imprenditoriale, e altri fattori che sarebbe lungo elencare (la letteratura in proposito è sterminata), sono stati in grado di sostenere nel corso degli anni produttività, redditi e sviluppo. Come si vedrà nel prossimo paragrafo, le industrie cosiddette «tradizionali», cioè quelle per cui più forte e ricorrente è il timore della concorrenza da parte dei paesi a basso costo del lavoro, hanno finora mostrato un sistematico avanzo commerciale con l'estero e hanno quindi contribuito in misura decisiva all'equilibrio della bilancia dei pagamenti italiana. Sottolineiamo l'avverbio «finora»: nulla garantisce che ciò che è stato vero in passato continui a esserlo in futuro.

Servizi. Il terziario rappresenta oltre il 60 per cento dell'economia italiana in termini sia di occupazione sia di prodotto. Questa quota è in effetti relativamente bassa, soprattutto nel confronto con i paesi anglosassoni, in cui il terziario conta per quasi i tre quarti dell'occupazione.

Tra i lavoratori dei servizi, le quote maggiori appartengono alle branche del commercio, alberghi e pubblici esercizi (36 per cento circa), nonché della pubblica amministrazione (più di un quarto). In entrambi i casi l'incidenza sul totale dei servizi è probabilmente superiore a quella della maggior parte degli altri paesi avanzati, anche se la comparazione non è facile, a causa di differenze di definizione. In particolare, la prima branca rappresenta meno del 30 per cento del terziario nei maggiori paesi europei e negli Stati Uniti (in Giappone la quota è superiore).

Tanto la pubblica amministrazione quanto il commercio sono settori scarsamente soggetti alla concorrenza: il primo per definizione, il secondo per l'esistenza di una legislazione fortemente vincolistica. Per effetto di quest'ultima, tra l'altro, la struttura della distribuzione commerciale è ancora fortemente polverizzata in Italia. A differenza del caso dell'industria, dove si osserva un fenomeno simile, è difficile razionalizzare questo fatto come il prodotto dell'operare di vantaggi comparati. La protezione di cui gode il settore commerciale lo ha messo in qualche caso in grado di fungere da «cuscinetto occupazionale»: in certe fasi della ristrutturazione delle imprese industriali, i lavoratori espulsi o non assorbiti dall'industria hanno trovato occupazioni più o meno marginali nel settore turistico-commerciale; ma l'effetto sull'efficienza complessiva dell'economia è stato negativo. In ogni caso, la capacità di assorbimento del commercio si è ridotta negli ultimi anni.

Gli scambi con l'estero

Gli scambi con il resto del mondo sono riassunti dalla bilancia dei pagamenti correnti, che registra le entrate e le uscite del paese diverse dai movimenti di capitale. Le voci che la compongono sono quattro: merci, servizi, redditi e trasferimenti. La voce «merci» riguarda le importazioni e le esportazioni di prodotti tangibili, come petrolio, scarpe o macchinari: il saldo di questa voce (esportazioni meno importazioni) è chiamato anche «bilancia commerciale». Anche la voce «servizi» si riferisce ad acquisti e vendite; l'unica differenza con la voce precedente è che tali scambi riguardano oggetti intangibili, che non passano fisicamente per una dogana: noli, assicurazioni, servizi bancari, transazioni con i turisti, e così via. In effetti, con l'avvento del mercato unico europeo le dogane interne all'Unione europea sono state abolite, e quindi anche i relativi flussi di merci, un tempo rilevati sulla base dei dati doganali, devono ora essere stimati con altri metodi; ma la tradizionale distinzione rimane.

La voce «redditi», invece, si riferisce non a scambi commerciali, bensì alla remunerazione dei fattori produttivi: lavoro e capitale. Vi rientrano dunque, dal lato dei crediti, principalmente i compensi percepiti all'estero dai lavoratori residenti in Italia e gli interessi percepiti su titoli esteri; dal lato dei debiti, i flussi opposti. La voce «trasferimenti», infine, era un tempo dominata dalle rimesse degli emigrati, ormai irrilevanti; oggi sono molto più importanti i trasferimenti pubblici, in particolare quelli tra lo Stato italiano e l'Unione europea.

Il saldo complessivo della bilancia dei pagamenti correnti è una sorta di «reddito netto» del paese rispetto al resto del mondo. Quando il saldo è positivo, l'Italia (vale a dire, la somma dei soggetti residenti nel paese: persone, imprese, enti pubblici) si arricchisce; quando è negativo, si impoverisce o si indebita. La contropartita dei pagamenti correnti (più i trasferimenti unilaterali di capitale) è costituita dai movimenti di capitale (oggi chiamati «conti finanziari»), inclusa la variazione delle riserve della Banca centrale.

È difficile mantenere molto a lungo una bilancia dei pagamenti correnti in disavanzo. Il debito estero (netto) non si può accumulare indefinitamente. Tra l'altro, sul debito si pagano interessi; questi ultimi gravano sulla bilancia corrente (voce «redditi»), contribuendo a loro volta ad accrescere il debito. Come sempre accade, se l'importo del debito è elevato e gli interessi reali sono alti, rischia di innescarsi un circolo vizioso, potenzialmente destabilizzante, tra l'altro per il cambio della valuta nazionale. Torneremo più volte su questo punto nei capitoli 4-6. (Il problema, come vedremo, si pone in modo in parte diverso oggi, con l'avvio dell'unione monetaria.)

D'altra parte, nemmeno accumulare indefinitamente un avanzo con l'estero è necessariamente una buona cosa. Mantenendo un avanzo corrente, la collettività consuma e/o investe meno di quanto potrebbe. Questo è necessario quando vi è un debito estero da ridurre; altrimenti a lungo andare ne deriva un danno per il benessere e lo sviluppo. Prodigalità e avarizia sono entrambe nocive: Dante mise giustamente i due tipi di peccatori nello stesso girone dell'Inferno.

Il debito netto sull'estero dell'Italia aveva raggiunto l'11 per cento del PIL, alla fine del 1992. Negli anni successivi si è rapidamente ridotto, grazie all'accumularsi di ingenti avanzi correnti della bilancia dei pagamenti, fino ad annullarsi o quasi nel 1997; in seguito la posizione netta sull'estero del paese (attività meno passività) ha oscillato intorno a valori vicini a zero. Va aggiunto che le transazioni con l'estero non sono sempre facili da rilevare dal punto di vista statistico, tanto che la bilancia dei pagamenti italiana – come del resto quella di altri paesi – riporta di solito un importo ingente alla voce «Errori ed omissioni»; per motivi che sarebbe lungo spiegare qui, è probabile che l'imperfezione della rilevazione comporti una sottostima dell'avanzo corrente e quindi delle attività nette. In altre parole, la posizione netta sull'estero dell'Italia potrebbe in effetti essere, ormai, largamente positiva.

Che cosa ha determinato l'avanzo corrente degli ultimi anni? Essenzialmente la bilancia commerciale: dopo la svalutazione del 1992, che ha reso più competitive le merci italiane senza avviare una spirale inflazionistica come allora si temeva, le esportazioni italiane hanno sistematicamente superato le importazioni, frenate altresì dal contenimento della domanda interna (cfr. cap. 6). La parità irrevocabile nell'ambito dell'unione monetaria stabilita all'inizio del 1999 rappresentava per la lira un deprezzamento effettivo di circa il dieci per cento, in termini reali, rispetto ai cambi precedenti alla svalutazione del 1992.

Come tutti i paesi europei, l'Italia è molto aperta agli scambi con l'estero. L'incidenza della somma di importazioni ed esportazioni sul Pil, una misura del grado di apertura, era nel 1997 vicina al 40 per cento. Questo rapporto è simile, o poco inferiore, a quelli di Francia, Germania e Regno Unito. Giappone e Stati Uniti presentano invece valori molto più bassi (inferiori al 20 per cento); questo dipende in parte dalle loro dimensioni, perché più un'economia è piccola, più tende a essere aperta agli scambi. In tutti i paesi eccetto il Giappone l'apertura verso l'estero è considerevolmente aumentata negli ultimi venticinque anni.

Le esportazioni italiane sono cresciute, in quantità, di quasi il 6 per cento l'anno dal 1970. La loro composizione è naturalmente legata alla specializzazione produttiva di cui si è detto. La somma di prodotti tessili, abbigliamento, cuoio e calzature rappresentava nel 1994 oltre il 17 per cento delle esportazioni italiane, contro il 5-6 per cento delle altre maggiori economie europee, il 3 per cento degli Stati Uniti, il 2 per cento del Giappone. Incidono molto meno, al contrario, macchine e prodotti meccanici (meno del 37 per cento, contro circa il 50 per cento di Stati Uniti e Germania, e il 40 o più negli altri paesi considerati). I settori «tradizionali» sono quelli dove l'Italia presenta sistematicamente forti saldi attivi. È strutturalmente in avanzo, in complesso, anche il settore meccanico (ma non, al suo interno, certe branche a forte contenuto tecnologico, come i mezzi di trasporto e le macchine per ufficio); sono invece permanentemente in disavanzo i prodotti energetici, i prodotti agricoli, i minerali e metalli, i prodotti chimici.

La specializzazione nei prodotti manifatturieri «tradizionali», insolita per un paese ricco, non ha finora nuociuto all'Italia. La nostra quota di mercato sul totale delle esportazioni mondiali negli ultimi 25 anni è rimasta – al di là di temporanee oscillazioni – pressoché stabile, intorno al 4,5 per cento (era il 4,2 per cento nel 1997). La quota corrispondente è appena superiore in Francia e Regno Unito, significativamente più elevata in Giappone (7,7), Germania (9,3) e Stati Uniti (12,5).

La costanza della quota di mercato italiana potrebbe non apparire un risultato troppo brillante, se non si tenesse conto del fatto che nell'ultimo quarto di secolo il panorama del commercio mondiale si è modificato enormemente a causa dell'affermarsi delle esportazioni dei paesi di nuova industrializzazione, che hanno conquistato larghe fette di mercato a danno dei paesi ricchi. «Danno» è forse un'espressione impropria; l'espansione del commercio è stata intensa, e quindi anche nei paesi che hanno perso quote di mercato le esportazioni sono aumentate. Le quote di mercato di Stati Uniti, Germania, Regno Unito e Francia si sono però ridotte nel periodo; solo quella del Giappone è cresciuta. I paesi anglosassoni, che negli scambi di merci hanno perso terreno più degli altri (le esportazioni degli Stati Uniti si sono ridotte dal 15,3 al 12,5 per cento del commercio mondiale, quelle del Regno Unito dal 6,9 al 4,9), hanno sostituito in parte l'esportazione di merci con quella di servizi.

Le esportazioni italiane sono dirette principalmente ai paesi industriali; la quota italiana sul mercato di questi paesi è leggermente superiore alla quota italiana sulle esportazioni complessive. Piuttosto elevata è la quota relativa al Medio oriente; è ancora piccola, invece, quella che si dirige verso i paesi di nuova industrializzazione dell'Asia. Negli ultimi anni questi mercati hanno mostrato una rapida crescita, di cui l'Italia – dato l'orientamento delle proprie esportazioni – ha beneficiato meno della media.

Nei primi anni novanta il saldo positivo delle merci è cresciuto, fino a raggiungere il 5 per cento del Pil nel 1996; è stato del 4 per cento nel 1997. Nelle altre voci della bilancia dei pagamenti correnti, chiamate talvolta collettivamente «partite invisibili», l'Italia presenta invece un disavanzo. Tra le partite invisibili, però, la voce dei «servizi» (dopo avere in passato oscillato) è attualmente attiva: al disavanzo strutturale dei servizi finanziari, commerciali e di trasporto, si contrappone l'altrettanto strutturale avanzo del turismo. La voce dei «redditi» è invece fortemente passiva, a causa degli interessi che gli italiani (in questo caso rappresentati soprattutto dallo Stato) pagano sul debito verso l'estero accumulato in passato; grazie alla riduzione del debito netto, negli ultimi anni questa voce ha incominciato a diminuire. Con il ritorno in attivo della posizione netta sull'estero dell'Italia, e con la riduzione dei tassi d'interesse, questa tendenza è destinata ad accentuarsi.

Poiché l'avanzo delle merci supera attualmente di gran lunga il disavanzo delle partite invisibili, la bilancia corrente complessiva dell'Italia è in surplus, come si è detto, dal 1993; nel 1997 l'avanzo corrente è stato pari a 63.000 miliardi, oltre il 3 per cento del Pil, e in termini assoluti il maggiore del mondo dopo quelli del Giappone e della Francia. Tra gli altri principali paesi, sono in disavanzo la Germania (dal 1991) e gli Stati Uniti, il cui deficit è risultato ultimamente in forte crescita, con un significativo accumulo di debito estero. Il Regno Unito, tradizionalmente in disavanzo, ha mostrato un sostanziale pareggio negli ultimi anni.

Come per l'inflazione (cfr. il cap. 2), anche per la bilancia dei pagamenti ci si può domandare se nel contesto dell'unione monetaria abbia ancora senso prendere in considerazione variabili nazionali. La risposta dipende dagli obiettivi che si hanno in mente. Se si pensa alla relazione tra saldi della bilancia dei pagamenti e tassi di cambio, e in generale alla reciproca influenza tra transazioni con l'esterno, congiuntura e stabilità finanziaria a livello macroeconomico, è chiaro che ormai conta soltanto, o quasi soltanto, la bilancia dell'intera area dell'euro. (La bilancia corrente dell'area dell'euro è attualmente in attivo; nel 1997 il saldo era dell'ordine dell'1 per cento del Pil. La dimensione dell'interscambio in rapporto al Pil è peraltro molto minore di quella italiana: considerata come un tutto unico, l'area dell'euro è notevolmente più chiusa agli scambi con l'esterno rispetto a ciascuno degli stati membri, anche se è più aperta degli Stati Uniti.) Ma, come si è spiegato sopra, la bilancia dei pagamenti, in particolare la bilancia corrente, è anche, anzi prima di tutto, il sunto delle transazioni di una certa collettività con il resto del mondo: incassi, pagamenti, reddito netto. Finché la collettività nazionale sarà un oggetto rilevante di osservazione, la bilancia di ogni singolo paese conserverà – nel quadro della contabilità macroeconomica – tutto il proprio valore come strumento di conoscenza della struttura del sistema economico, della sua competitività, delle scelte di allocazione delle risorse.

4. *I difficili anni settanta*

Nei capitoli precedenti abbiamo presentato un quadro d'assieme delle condizioni attuali dell'economia italiana, considerando i grandi aggregati, i principali indicatori di benessere, le poste della domanda interna, la composizione settoriale dell'offerta di beni e servizi, gli elementi essenziali degli scambi con l'estero. Questo esame è stato condotto su due piani complementari; da un lato, sia pure in estrema sintesi, si sono confrontate due fotografie a distanza di oltre un quarto di secolo, l'inizio degli anni settanta e l'oggi; dall'altro, si è cercato di comparare le condizioni della nostra economia con quelle degli altri principali paesi.

In questo capitolo, e nei due successivi, cercheremo di illustrare il processo attraverso il quale la nostra economia è arrivata alla situazione nella quale oggi si trova. Si considereranno quindi gli ostacoli principali che si sono frapposti allo sviluppo del sistema economico italiano, che pure in questo periodo ha continuato ad essere tutt'altro che trascurabile, e gli squilibri più gravi che si sono andati formando negli ultimi decenni. Sui principali nodi ancora da sciogliere torneremo negli ultimi capitoli.

Quattro sono, per il nostro paese, le caratteristiche salienti degli anni settanta: la riduzione del tasso di crescita; l'emergere di un vincolo esterno (le difficoltà, cioè, che si incontrano nel mantenere l'equilibrio delle partite correnti della bilancia dei pagamenti); i primi segni del progressivo squilibrio nei conti pubblici; soprattutto l'inflazione, che rapidamente si porta al di sopra delle due cifre per restarvi per quasi tre lustri. Oltre che delle incertezze, dei ritardi e delle omissioni nella conduzione della politica economica (e dei problemi delle condizioni politiche *tout court*), l'economia italiana risentì in modo traumatico di due shock sostanziali: quello connesso con i conflitti sindacali dello scorcio degli anni sessanta e quello prodotto dall'esplosione dei prezzi del petrolio nel 1973-74. Essi colpirono in particolar modo la nostra industria manifatturiera in un periodo di notevoli turbolenze sui mercati dei cambi.

Dall'autunno caldo del 1969 alla crisi valutaria del 1976

Con le tensioni e gli scioperi dell'autunno «caldo» del 1969, in occasione del rinnovo dei contratti di lavoro nell'industria, ebbe definitivamente termine il lungo periodo di stabilità delle relazioni industriali che aveva prevalso tanto negli anni della ricostruzione postbellica quanto per la maggior parte degli anni del cosiddetto «miracolo economico». Questi possono abbracciare non solo la fase di eccezionale espansione compresa tra la costituzione del Mercato comune europeo nel 1958 e il «boom» del 1962-63, ma anche quella di crescita solo relativamente più lenta della seconda metà degli anni sessanta.

In un certo senso il conflitto sociale di quegli anni fu una risposta, quasi naturale, alla rapidità e alla complessità dello sviluppo economico italiano. In un periodo assai breve si era passati da condizioni prevalentemente agricole a una industrializzazione diffusa, con flussi migratori straordinari, in particolare dal Mezzogiorno verso il triangolo industriale del Nord-Ovest del paese, ma anche verso altre nazioni europee, e con un fortissimo aumento del tasso di urbanizzazione. Il reddito nazionale era pressoché triplicato in venti anni.

In questo rapido passaggio la struttura economica del nostro paese era caratterizzata in larga misura dal basso costo e dall'ampia disponibilità di manodopera relativamente poco qualificata; restava carente nel contenuto tecnologico dei manufatti industriali. Parte non trascurabile della produzione di beni e servizi era opera di imprese pubbliche o a partecipazione statale, nell'ambito di un sistema che si era andato espandendo nel tempo, fin dagli anni trenta, più in virtù dell'azione pubblica di «salvataggio» di imprese private in crisi che come risultato di interventi strategici di politica industriale.

I primi anni sessanta videro tentativi di programmazione dello sviluppo, a partire dalla nazionalizzazione dell'energia elettrica del 1962, e dalla cosiddetta «nota aggiuntiva» dello stesso anno con la quale l'allora Ministro del Bilancio, Ugo La Malfa, provò a disegnare principi e obiettivi di un'efficace azione dello Stato nell'economia, sotto forma di interventi diretti e di programmazione delle attività private. Essi fallirono nell'obiettivo di dotare di una struttura produttiva più avanzata un paese crucialmente dipendente dall'estero nell'importazione tanto di materie di base quanto di beni capitali. L'apertura internazionale dell'economia non mancò tuttavia di mettere in luce come, in un'industria tradizionalmente protetta e quindi vulnerabile, condizioni di lavoro spesso molto disagiate si associassero a retribuzioni pro capite relativamente basse.

Le vertenze sindacali che chiusero gli anni sessanta, particolarmente aspre nell'industria manifatturiera, finirono per mutare in modo decisivo quest'ultimo aspetto. Alla loro conclusione l'economia italiana si ritrovò, all'inizio del successivo decennio, con una distribuzione del reddito notevolmente modificata a favore del lavoro dipendente: tra il 1969 e il 1973 nel settore manifatturiero le retribuzioni pro capite salirono in termini reali del 36 per cento, a fronte di un aumento della produttività del lavoro (espressa dal rapporto tra il prodotto misurato a prezzi costanti e l'occupazione dipendente) del 23 per cento. Alla crescita salariale si accompagnarono cambiamenti di grande rilievo sul piano delle condizioni di lavoro: dalla riduzione dell'orario di lavoro contrattuale all'introduzione, con lo Statuto dei lavoratori, di significative limitazioni per le imprese in materia di licenziamenti e di organizzazione interna del lavoro.

L'aumento del costo del lavoro nell'industria italiana fu dunque nei primi anni settanta particolarmente elevato. Ma fu la sua combinazione con due shock esterni – la crisi del sistema monetario internazionale e l'esplosione del prezzo del petrolio – a far da detonatore del lungo periodo di inflazione che caratterizzerà l'intero decennio e il successivo. In questo lungo periodo, dopo un'iniziale fase di stagnazione, l'attività produttiva avrebbe continuato a espandersi, ma a un tasso notevolmente inferiore a quello dei due decenni precedenti e con un forte aumento della disoccupazione. La figura 1 illustra l'andamento ciclico nel tempo del prodotto e delle principali componenti della domanda; nella figura 2 si evidenziano la persistenza dell'inflazione e il progressivo innalzamento del tasso di disoccupazione. L'emergere di gravi squilibri nel bilancio pubblico e nella bilancia dei pagamenti, che avrebbero minato in questi anni lo sviluppo della nostra economia, è illustrato nelle figure 3 e 4.

La crisi del sistema monetario internazionale scaturì nel 1971 dalla decisione del governo americano di svalutare il dollaro, dichiarando cessata la convertibilità in oro fino ad allora assicurata dagli accordi di Bretton Woods del 1944. Essa portò all'abbandono del regime di cambi fissi definito da tali accordi. Ciò ebbe gravi conseguenze per la lira, giudicata debole dai mercati valutari, anche per la perdita di competitività in atto nell'industria italiana.

Dopo una breve partecipazione al tentativo europeo di «serpente» valutario (volto a contenere le oscillazioni tra le valute partecipanti entro una banda ristretta del 2,25 per cento), in occasione di una nuova crisi della valuta statunitense nel gennaio del 1973 la lira fu lasciata fluttuare. Nonostante un primo, vano tentativo di contenere gli effetti della fluttuazione del cambio sul commercio con l'estero mediante l'istituzione di un «doppio mercato» dei cambi (tendenzialmente fissi per le merci e flessibili per i capitali), tra l'inizio del 1973 e la fine del

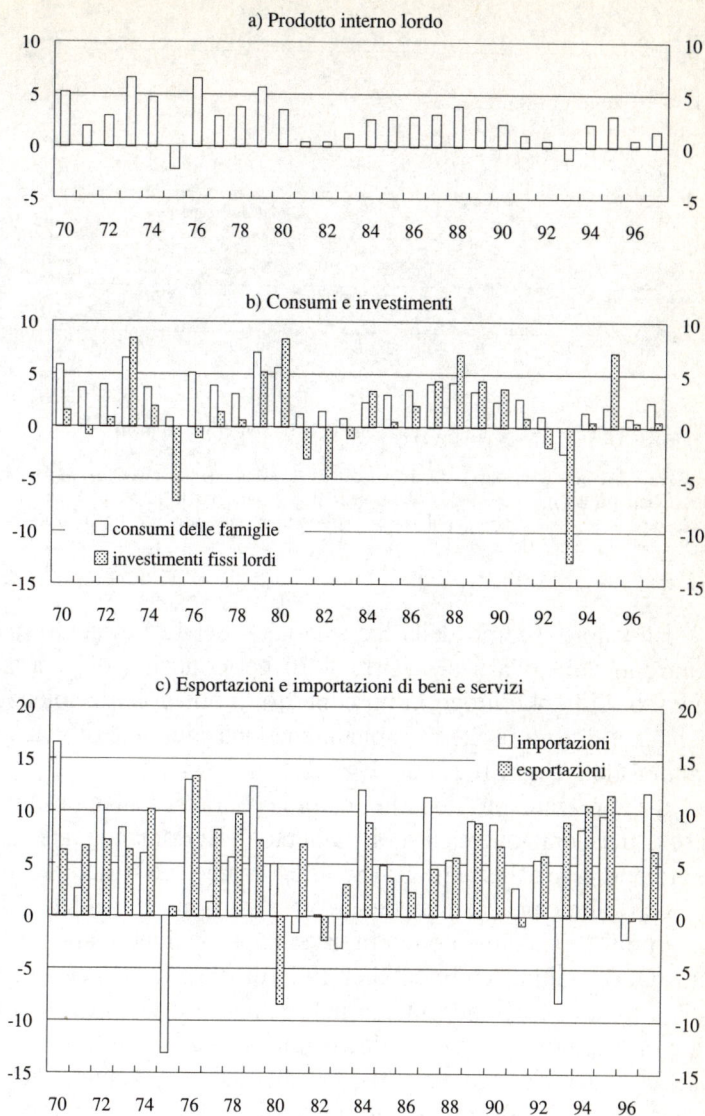

a) Prodotto interno lordo

b) Consumi e investimenti

□ consumi delle famiglie
▨ investimenti fissi lordi

c) Esportazioni e importazioni di beni e servizi

□ importazioni
▨ esportazioni

FIG. 1. Principali variabili macroeconomiche dell'Italia (variazioni percentuali).

Fonte: Istat. Valori a prezzi 1990.

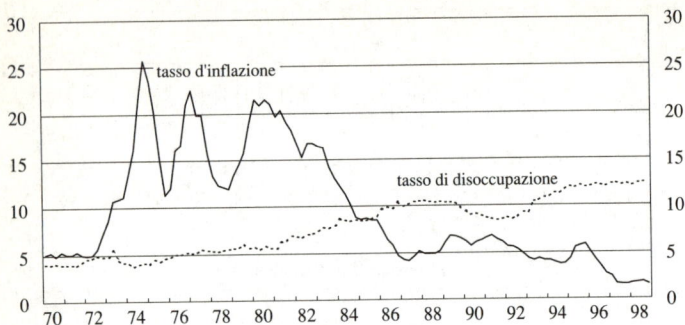

Fig. 2. Tassi d'inflazione e di disoccupazione in Italia (valori percentuali).

Fonte: Elaborazioni Banca d'Italia su dati Istat. Per il tasso d'inflazione: variazioni percentuali sui 12 mesi dell'indice dei prezzi al consumo per le famiglie di operai e impiegati (costo della vita); per il tasso di disoccupazione: rapporto fra il totale dei disoccupati e il totale della forza lavoro.

1974 il valore esterno della lira si ridusse del 12 per cento nei confronti del dollaro e di circa il 30 nei confronti del marco tedesco. Ciò ebbe luogo in un contesto di notevole turbolenza politica e di forti uscite di capitali, che l'introduzione di vincoli amministrativi non riuscì ad arginare.

Il deprezzamento della lira colpì l'economia italiana in una fase di accelerazione ciclica, di aumento della domanda interna, non condivisa dalle altre principali economie industriali; insieme con l'aumento dei costi del lavoro, esso contribuì a determinare un forte incremento dei prezzi alla produzione e al consumo. Questi ultimi crebbero nel 1973 di oltre il 10 per cento (circa tre-quattro punti più che nel triennio precedente, ancora di più rispetto alla media degli anni sessanta), inducendo i sindacati a reclamare un ulteriore, rapido adeguamento delle retribuzioni. Queste non erano, in media, sufficientemente protette dall'inflazione: anche se i salari erano indicizzati ai prezzi per mezzo dell'indennità di contingenza (la cosiddetta «scala mobile» delle retribuzioni), dopo gli aumenti occorsi dal 1969 la copertura che questa indennità garantiva nei confronti dell'inflazione, essendo in cifra fissa, si era infatti mediamente ridotta, in percentuale, a meno della metà. Dall'aspro confronto tra le parti sociali in materia doveva conseguire nel gennaio del 1975 l'accordo che avrebbe portato a unificare in un biennio l'adeguamento automatico ai prezzi di salari e stipendi (il «punto unico di contingenza») al livello più alto vigente tra i diversi settori e qualifiche dell'industria.

Nell'autunno del 1973 un altro colpo all'economia italiana fu dato dal balzo del prezzo del petrolio (che quadruplicò tra un anno e l'altro), in occasione della nuova guerra arabo-israeliana e in conseguenza del connesso embargo petrolifero. La nostra economia era cresciuta in un biennio di quasi il 6 per cento più che la media dei paesi della Cee, anche in conseguenza di una politica economica (monetaria e di bilancio) particolarmente espansiva nel 1972: la forte perdita di ragioni di scambio derivante dall'aumento dei prezzi delle importazioni di prodotti energetici e altre materie prime, accentuato dalla sva-

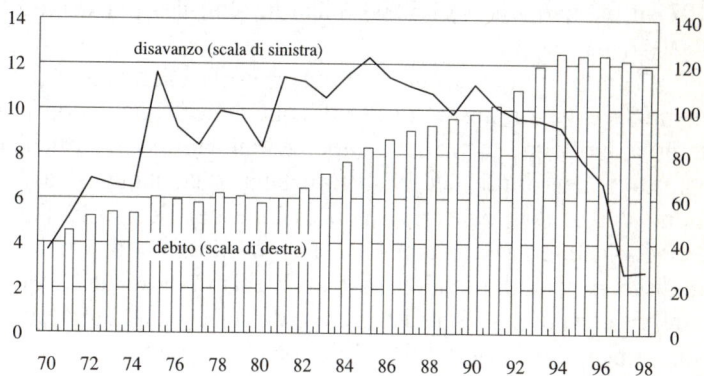

Fig. 3. Disavanzo e debito delle amministrazioni pubbliche dell'Italia (in percentuale del Pil).

Fonte: Istat e Banca d'Italia.

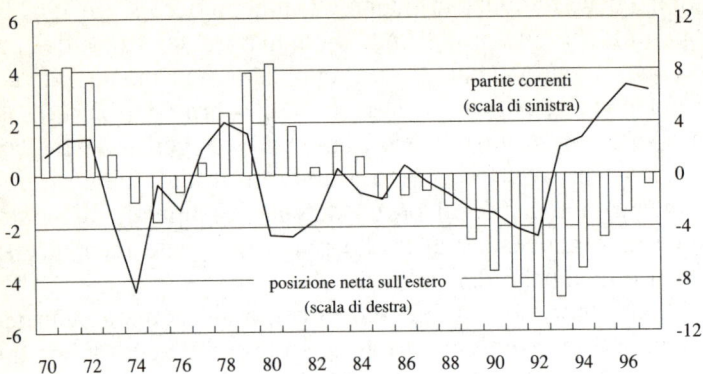

Fɪɢ. 4. Saldo delle partite correnti della bilancia dei pagamenti e posizione netta sull'estero dell'Italia (in percentuale del Pɪʟ).

Fonte: Banca d'Italia.

lutazione della lira, si unì allo sfasamento ciclico nel determinare un grave deterioramento della bilancia dei pagamenti. Nel 1973 il saldo delle partite correnti divenne negativo per oltre 1.500 miliardi, a causa del forte disavanzo commerciale; nel 1974 il passivo superò i 5.000 miliardi, oltre il 4 per cento del Pɪʟ (cfr. fig. 4).

Al grave squilibrio che si profilava nella bilancia dei pagamenti si reagì con misure decise di contenimento della domanda interna, e per questa via delle importazioni. Furono in particolare introdotti, nell'aprile del 1974, forti limiti quantitativi all'espansione del credito bancario (in occasione del ricorso al Fondo Monetario Internazionale per un prestito «*stand-by*» di 1 miliardo di diritti speciali di prelievo, pari a 1,2 miliardi di dollari, al quale sarebbe seguito nell'estate un prestito della Deutsche Bundesbank alla Banca d'Italia di 2 miliardi di dollari, garantito in oro).

Alla restrizione creditizia si aggiunsero interventi di natura fiscale del medesimo segno. Ne conseguì, già nel corso dello stesso anno, una notevole flessione produttiva, particolarmente acuta nel settore industriale. Vi contribuì la bassa domanda mondiale, per la recessione internazionale che aveva fatto seguito allo shock petrolifero. Nella media del 1975, per la prima volta dal dopoguerra e dopo essere aumentato tra il 1969 e il 1974 di quasi un quarto, il Pil si ridusse in termini reali di oltre il 2 per cento. Molto forte fu la caduta della domanda interna, in particolare quella di beni capitali; insieme al parziale ricupero delle ragioni di scambio (il rapporto tra i prezzi delle esportazioni e quelli delle importazioni), essa contribuì al rapido miglioramento della bilancia dei pagamenti, il cui saldo corrente mostrò in quell'anno un disavanzo di soli 500 miliardi.

Sul fronte dell'inflazione, all'eccezionale ascesa dei prezzi dei beni all'ingrosso che risultò dallo shock petrolifero, con un incremento medio dell'ordine del 40 per cento nel 1974, seguì una progressiva espansione dei prezzi al consumo. Questi ultimi aumentarono quasi del 25 per cento nel quarto trimestre del 1974 (poco meno del 20 per cento nella media dell'anno; cfr. fig. 2). Con il nuovo assetto di scala mobile, che avrebbe portato a un'indicizzazione pressoché completa delle retribuzioni medie ai prezzi su base trimestrale, dal 1975 si erano inoltre create le condizioni per un'elevata inerzia inflazionistica, e quindi per il protrarsi del circolo vizioso tra l'aumento di costi e prezzi e il deprezzamento del cambio necessario per mantenere la competitività dei prodotti nazionali.

La politica sindacale era volta, in quegli anni, ad ottenere aumenti retributivi tali da ridurre progressivamente i differenziali salariali fra le diverse qualifiche. L'operare del nuovo sistema di indicizzazione andava implicitamente nella stessa direzione: il meccanismo del «punto unico di contingenza» comportava infatti aumenti uguali per tutti, e quindi proporzionalmente inferiori per i redditi più alti. Si ponevano così le premesse perché nel successivo decennio la riapertura del ventaglio delle retribuzioni (necessaria per ragioni di efficienza e conseguita senza ridurre quelle più basse) rendesse la discesa dell'inflazione ancor più difficile e lenta. In questo contesto di pronunciato egualitarismo, e di ridotta attenzione alla compatibilità degli aumenti salariali con gli andamenti complessivi dell'economia, la componente retributiva automatica finì per superare largamente quella legata ai contratti nazionali e aziendali, con un'inevitabile diminuzione dello stesso ruolo dei sindacati.

Per il sistema delle imprese le conseguenze della crisi del 1974-75 furono particolarmente gravi. Le loro condizioni economiche e finanziarie – già colpite dai forti aumenti dei costi di produzione dell'inizio del decennio, ai quali era seguito, in una fase di bassi livelli di utilizzazione degli impianti, un significativo innalzamento dell'indebitamento, specie delle medie e grandi imprese manifatturiere – furono compromesse, con un tracollo dei profitti e della redditività. La spinta ad aumentare i prezzi di vendita e cercare sollievo in un ulteriore deprezzamento del cambio si accompagnò alla richiesta di contributi pubblici alla produzione e agli investimenti.

Il miglioramento nei conti con l'estero e la caduta produttiva condussero ad allentare, già nel corso del 1975, la restrizione monetaria. L'indebitamento netto (cioè l'eccesso delle uscite sulle entrate, ovverossia il disavanzo) delle amministrazioni pubbliche raggiunse in quell'anno i 16.000 miliardi: quasi il doppio del 1974 e circa il 12 per cento del Pil (cfr. fig. 3), contro meno del 6 nel quinquennio precedente e valori medi intorno all'1 e al 4 per cento rispettivamente nella prima e nella seconda metà degli anni sessanta. Il calo delle entrate fiscali, in particolare del gettito delle imposte indirette per effetto di un notevole incremento dell'evasione, si associò a una rapida crescita delle prestazioni sociali e dei contributi di sostegno alla produzione. La politica di assistenza pubblica a famiglie e imprese si volse ancor più a risolvere il conflitto sulla distribuzione del reddito fra «capitale» e «lavoro», in particolare sulla ripartizione della «tassa petrolifera», assumendo a carico della finanza pubblica l'onere di soddisfare richieste altrimenti mutuamente incompatibili. Con la riforma ospedaliera nello scorcio degli anni sessanta (alla quale si sarebbe aggiunta dopo qualche anno l'istituzione del servizio sanitario nazionale) e con il completamento dell'ordinamento regionale nel corso dei primi anni settanta si erano inoltre già poste le premesse per un decentramento considerevole della spesa pubblica; in assenza di responsabilità dirette sul piano delle entrate, esso avrebbe agevolato il diffondersi di inefficienze amministrative e gestionali.

L'allentamento della restrizione monetaria e le misure di rilancio dell'economia varate nella seconda metà del 1975 ebbero il risultato di far riprendere con rapidità la domanda interna; nel frattempo, però, l'aumento delle disponibilità liquide nel sistema (connesse anche al finanziamento monetario del Tesoro, il cui fabbisogno risultò del 60 per cento superiore all'obiettivo, con una crescita eccezionale negli ultimi mesi dell'anno) aveva reso più agevoli le condizioni per un attacco speculativo contro la lira. Questo fu aspro nei primi giorni del 1976; il 20 gennaio, prosciugate le modeste riserve valutarie, fu decisa la chiusura, per sei settimane, del mercato dei cambi. Ad essa seguì il crollo della lira, che in poco tempo perse quasi un quinto del suo valore nei confronti della media delle principali valute.

Dalla stabilizzazione del 1976 all'adesione allo Sme

Il succedersi di shock di origine esterna e il rapido alternarsi di politiche macroeconomiche di segno opposto resero dunque molto instabile l'andamento delle principali variabili dell'economia: crescita del prodotto, inflazione, cambio, saldo con l'estero. In particolare, la crisi valutaria del gennaio 1976 può essere vista come la penalità in cui si incorse per aver tentato di riportare troppo rapidamente su un sentiero di espansione, dopo alcuni trimestri di acuta recessione, un'economia che ancora tardava a reagire allo shock salariale e a quello petrolifero, che sollecitavano invece un rinnovamento profondo della struttura produttiva. Un nuovo rallentamento della crescita della domanda interna si rese quindi, nell'immediato, necessario, per evitare che a un passivo fuori controllo nella bilancia commerciale seguisse un ulteriore deprezzamento del cambio e una spirale dell'inflazione, già tornata sopra il 20 per cento.

Con un aumento di quattro punti del tasso ufficiale di sconto si produsse un forte rialzo del costo del denaro; per porre un argine diretto all'uscita di capitali, fu inoltre introdotto l'obbligo di effettuare un deposito infruttifero a fronte degli acquisti di valuta per le transazioni con l'estero. In autunno, perdurando e aggravandosi il cedimento del cambio e il passivo negli scambi con l'estero, la restrizione monetaria fu intensificata, con l'introduzione di limiti quantitativi all'espansione degli impieghi delle banche, l'incremento della riserva obbligatoria sui depositi bancari (la quota di questi ultimi che le banche sono obbligate a tenere presso la Banca d'Italia), e un ulteriore aumento di tre punti del tasso di sconto (portato al 15 per cento). Per frenare l'esportazione di capitali vennero anche introdotti nuovi vincoli, di natura sia amministrativa, sia penale. Queste misure si accompagnarono a una stretta fiscale di circa il 2 per cento del Pil.

Il risultato di questo complesso di interventi fu notevole; nei successivi due anni, a una rilevante riduzione della crescita annua dei consumi, che rimase peraltro ampiamente positiva (da oltre il 5 a circa il 3 per cento; cfr. fig. 1), fecero riscontro una stasi degli investimenti delle imprese e un ampio ridimensionamento delle scorte. La svalutazione del cambio, anche se attenuata nel suo effetto espansivo dal contemporaneo aumento dei prezzi, favorì le esportazioni, il cui volume continuò a crescere a tassi prossimi al 10 per cento, mentre le importazioni, risentendo anche della debolezza della domanda interna, furono notevolmente frenate; pur dimezzandosi rispetto al 1976, la crescita dell'economia si mantenne quindi, nel biennio 1977-78, mediamente intorno al 3 per cento annuo.

Nonostante l'aumento delle esportazioni, dopo la crisi valutaria il peggioramento delle ragioni di scambio (riflesso di un aumento di oltre il 25 per cento dei prezzi delle merci importate, cinque punti più di quello delle esportazioni) determinò nel 1976 un elevato passivo nella bilancia commerciale, che il pur ampio surplus dei servizi, in primo luogo del turismo, non riuscì a compensare: il deficit delle partite correnti della bilancia dei pagamenti superò quindi i 2.000 miliardi (l'1,2 per cento del Pil). Al successivo contenimento della domanda interna e al buon andamento della domanda mondiale si deve il rapido ritorno, negli ultimi anni del decennio, del saldo commerciale all'equilibrio e, con esso, a un ampio avanzo delle partite correnti. In senso favorevole giocò anche la minor crescita dei costi in lire delle materie prime importate, che riflesse una politica del cambio della lira volta a contenere le perdite nei confronti del dollaro, approfittando della sua debolezza nei confronti delle altre principali valute. L'attivo del complesso delle partite correnti consentì dapprima di annullare il modesto debito netto verso l'estero accumulato con la crisi petrolifera, poi di trasformarlo in una posizione netta ampiamente positiva (cfr. fig. 4).

Se il beneficio della restrizione fiscale e monetaria fu rapido ed evidente sul fronte dei conti con l'estero del paese, non altrettanto può dirsi per l'inflazione, che nel corso del 1977 tornò a superare il 20 per cento (cfr. fig. 2); sostenuta da un'indicizzazione salariale ormai prossima al 100 per cento, solo nel successivo biennio essa scese al di sotto del 15 per cento, risentendo, oltre che della riduzione della crescita dei prezzi dei prodotti importati, del sensibile calo nell'espansione dei costi del lavoro delle imprese manifatturiere. Notevole fu infatti, per questi ultimi, l'effetto della riduzione, dai primi mesi del 1977, degli oneri sociali, oggetto di provvedimenti di «fiscalizzazione» (con ovvi costi, a parità di altre condizioni, per il bilancio pubblico); ad esso si aggiunse, nel diverso quadro politico che si era andato determinando con gli accordi per la costituzione di governi di centrosinistra appoggiati dal partito comunista (governi di «solidarietà nazionale»), un miglioramento significativo delle relazioni industriali.

Di particolare importanza fu l'accordo tra Confindustria e sindacati del gennaio 1977; con esso si eliminò l'indicizzazione al costo della vita dell'indennità di anzianità (la componente delle retribuzioni accantonata dalle imprese per essere liquidata ai dipendenti alla fine del rapporto di lavoro) e si definirono impegni per ridurre l'assenteismo e accrescere la mobilità interna del lavoro. Sul piano patrimoniale, i conti delle imprese risentirono positivamente dell'allentamento della stretta creditizia; permanendo un'inflazione ancora ben sopra le due cifre e in conseguenza della discesa dei tassi d'interesse (con il tasso ufficiale di sconto ridotto fino al 10,50 per cento nel settembre 1978) su valori ampiamente negativi in termini reali, anche l'indebitamento effettivo delle imprese si ridusse notevolmente.

In risposta al miglioramento nei loro bilanci, le imprese fecero segnare una considerevole espansione degli investimenti; gli acquisti di impianti e macchinari, in particolare, aumentarono tra il 1978 e il 1980 di oltre il 30 per cento a prezzi costanti. Fu questo l'inizio di una fase ampia e prolungata di ristrutturazione e di ammodernamento produttivo, che interessò soprattutto le imprese medio-grandi, le quali erano state le più colpite dalle rigidità e dalle difficoltà produttive che avevano fatto seguito agli shock salariali del 1969 e del 1973 e a quello petrolifero del 1973-74. Più che ad ampliare la capacità produttiva, i loro investimenti furono quindi diretti alla razionalizzazione e al risparmio di lavoro. Ne conseguì un notevole svecchiamento del capitale installato; nello stesso tempo, la riduzione della manodopera impiegata nei processi produttivi consentì ampi guadagni di produttività.

Sul piano della stabilità macroeconomica, la rete di controlli amministrativi consentì di limitare i deflussi di fondi all'estero e il deprezzamento della lira, in presenza di tassi d'interesse più bassi e di tassi d'inflazione più alti di quelli prevalenti negli altri principali paesi. Nello stesso periodo maturò il progetto di dar vita a un sistema monetario (lo SME), con il quale tornare a fluttuazioni valutarie controllate in Europa, ed evitare così il rischio che un'eccessiva volatilità dei cambi compromettesse gli scambi tra i diversi paesi. Il Sistema si sarebbe fondato sulla fissazione di «parità centrali» tra le diverse valute e su un meccanismo di assistenza reciproca tra le banche centrali, in base al quale crediti automatici e illimitati sarebbero stati concessi quando una valuta si fosse deprezzata fino a raggiungere un «margine di intervento» prefissato. Le revisioni delle parità avrebbero avuto luogo solo quando le autorità dei diversi paesi ne avessero ravvisato la necessità, e nella misura considerata adeguata a rispondere ai mutamenti occorsi nelle variabili di fondo (ad esempio, in seguito a diversi andamenti dell'inflazione).

L'adesione della lira allo Sme fu preceduta da un acceso dibattito interno che finì per essere occasione di una crisi politica e della fine dell'esperienza della «solidarietà nazionale», e da un lungo e complesso negoziato con gli altri partner, alla fine del quale l'Italia ottenne di partecipare al sistema con una banda di fluttuazione allargata al 6 per cento (anziché il 2,25 che fu adottato dagli altri paesi e che sarà applicato all'Italia solo all'inizio del 1990). Inoltre, nel corso del 1978 e all'inizio del 1979 si procedette a un'ultima, rilevante, svalutazione, con l'obiettivo dichiarato di migliorare la competitività di prezzo dei nostri prodotti industriali e ridurre così i rischi che il nuovo regime di cambi fissi avrebbe comportato per il sistema economico italiano, ancora poco flessibile e notevolmente esposto agli shock esterni.

5. Gli anni ottanta: disinflazione e accumulo di squilibri

Negli anni ottanta l'inflazione si ridusse dai livelli molto elevati successivi al secondo shock petrolifero del 1979 a livelli più moderati, anche se superiori a quelli degli altri maggiori paesi. Il rientro dall'inflazione fu sostenuto da una politica monetaria e del cambio decisamente restrittiva, nell'ambito degli accordi di cambio del nuovo sistema monetario europeo. Un mutamento caratterizzò anche il sistema di relazioni industriali, con il progressivo emergere di un consenso circa l'inutilità, anzi i danni, del vigente meccanismo di indicizzazione delle retribuzioni e l'affermarsi, tra non pochi contrasti, di una sempre maggiore moderazione salariale. Dopo il controshock petrolifero del 1986, però, non si riuscì a cogliere l'occasione per un deciso intervento di riequilibrio dei conti dello Stato, con la conseguenza duplice di un continuo, pericoloso, innalzamento del debito pubblico e di una crescita del debito netto verso l'estero prodotta dal succedersi di disavanzi nella bilancia dei pagamenti correnti. L'inflazione, pur scesa, non riuscì a portarsi al di sotto del 5-6 per cento; la disoccupazione aumentò, risentendo di una razionalizzazione industriale non compensata dall'emergere di nuove attività nel terziario privato, limitato, tanto nelle dimensioni complessive quanto nelle prospettive di sviluppo, dall'insufficienza degli stimoli concorrenziali.

All'indomani dell'ingresso della lira nello Sme, e della svalutazione che l'aveva preceduto, sopraggiunse, nel corso del 1979, la seconda crisi petrolifera. Essa colpì l'economia italiana proprio dopo che i prezzi alla produzione avevano registrato un deciso rallentamento. L'inflazione trovò sostegno, questa volta, non solo nell'elevata indicizzazione delle retribuzioni, ma anche nell'ampio e progressivo rialzo dei margini di profitto delle imprese industriali. Questi ultimi si stavano risollevando dai bassi livelli sui quali si erano portati nel corso della prima metà degli anni settanta; sarebbero tornati nel 1980 su livelli superiori a quelli di dieci anni prima.

Soprattutto, il nuovo shock petrolifero – con aumenti del costo in dollari del petrolio greggio dell'ordine del 40 per cento nel 1979 e del 70 nel 1980 – ebbe luogo mentre ancora si consolidava lo sforzo di risanamento delle medie e grandi imprese. Questo sforzo aveva consentito di passare (con un decennio di ritardo) da una fase di decentramento produttivo e di aumento dell'intensità di capitale – la risposta immediata delle imprese ai mutamenti strutturali e agli shock della fine degli anni sessanta e dei primi anni settanta – a una fase di sostanziale ammodernamento degli impianti, di diffusione delle innovazioni tecnologiche e di riorganizzazione del lavoro. Poiché nel frattempo non si era interrotto lo sviluppo delle piccole imprese connesso con il decentramento produttivo, si stavano in quegli anni ponendo le condizioni per quel sostanziale risanamento delle condizioni di fondo dell'industria italiana che avrebbe avuto luogo nella prima metà degli anni ottanta.

Un sostegno al processo di ristrutturazione industriale venne, con l'inizio del nuovo decennio, dall'ulteriore mutamento di clima delle relazioni industriali, dalle politiche ancora largamente espansive del bilancio pubblico e dal mantenimento, dopo l'ingresso della lira nello Sme, di una ferma disciplina del cambio: quest'ultima fu tale da spingere sempre più le imprese a cercare di difendere la propria posizione competitiva con miglioramenti di produttività.

Il mutamento delle relazioni industriali fu radicale. All'accordo del 1977 non era infatti seguita una revisione del sistema di contrattazione che accrescesse lo spazio destinato alla componente aziendale ed eliminasse le distorsioni causate dal meccanismo della scala mobile a punto unificato, in particolare il progressivo restringimento del ventaglio salariale. La conflittualità era rimasta elevata, impedendo la piena attuazione dei mutamenti organizzativi necessari per il ricupero dell'efficienza produttiva. Lo scontro fu particolarmente acuto nel 1980, dopo il nuovo shock petrolifero e il connesso fortissimo aumento dei costi di produzione. Esso si risolse con una grave sconfitta sindacale nel corso della vertenza Fiat nell'ottobre di quell'anno, quando le posizioni dell'azienda ricevettero l'appoggio di un grandissimo numero di quadri intermedi (la cosiddetta «marcia dei 40.000»).

Il governo diede il suo assenso a un massiccio ricorso delle imprese alla Cassa integrazione e a schemi di pensionamento anticipato. Questi si aggiunsero alla fiscalizzazione degli oneri sociali e a una politica particolarmente generosa, tra il 1978 e il 1980, sul fronte della previdenza e delle retribuzioni pubbliche. I disavanzi nei conti pubblici restarono molto elevati e si posero le premesse, in assenza di correzioni strutturali, della continua espansione del debito pubblico che si sarebbe osservata negli anni ottanta.

Con il secondo shock petrolifero l'inflazione tornò rapidamente a salire; nel 1980 la variazione dei prezzi al consumo superò nuovamente il 20 per cento (cfr. fig. 2). Il forte aumento del prezzo del petrolio determinò un vistoso rallentamento dello sviluppo in tutti i paesi industriali e una particolare debolezza della domanda per consumi. Questa fu frenata dalle politiche restrittive adottate nella generalità dei paesi a fini antinflazionistici, in particolare dal notevole rialzo dei tassi d'interesse deciso negli Stati Uniti dalla Riserva Federale. L'Italia fu immediatamente colpita dalla contrazione della domanda internazionale. Il volume delle esportazioni si ridusse di oltre l'8 per cento; data la diffusione dei meccanismi di indicizzazione, si rischiò quindi, nuovamente, una spirale perversa tra ristagno produttivo e processo inflazionistico. L'apprezzamento del dollaro, che sarebbe durato fino al 1985, costituiva un ulteriore fattore propulsivo dell'inflazione.

La risposta della politica monetaria e del cambio fu rapida ed efficace, pur nella gradualità degli effetti, che risentirono del notevole grado di inerzia inflazionistica presente nella nostra economia. Da quasi il 22 per cento nel febbraio del 1980 l'inflazione discese al di sotto del 9 per cento nel novembre 1984, senza flessioni dell'attività produttiva. Dopo una stasi nel 1985, beneficiando del controshock petrolifero (che determinò un dimezzamento del prezzo del petrolio) e del calo del dollaro, la decelerazione dei prezzi al consumo proseguì nel 1986, con un tasso d'inflazione di poco superiore al 6 per cento nella media dell'anno, e nel 1987 (quando l'aumento dei prezzi non superò il 5 per cento).

Il cambio nominale della lira fu adeguato solo parzialmente e con ritardo (mediante riallineamenti della sua parità nei confronti delle altre valute aderenti allo Sme) al più rapido aumento dei prezzi interni rispetto a quelli degli altri paesi della Comunità economica europea; questo indirizzo costituì il punto fermo del processo di disinflazione della prima metà degli anni ottanta. La politica monetaria e creditizia che vi si accompagnò mirò a non assecondare una crescita eccessiva della domanda interna, tale, cioè, da determinare, oltre a ulteriori rialzi dei prezzi interni, squilibri gravi nei conti con l'estero, con riflessi negativi sullo stesso tasso di cambio. L'azione restrittiva delle autorità monetarie fu resa più ardua, e più necessaria, dal prevalere, nel periodo, di un progressivo peggioramento dei conti pubblici: dal 1981 al 1986 l'eccesso delle spese sulle entrate risultò in media pari all'11,5 per cento del Pil (e non scese mai sotto l'11); il debito pubblico, da circa il 60, salì fino a quasi il 90 per cento del prodotto (cfr. cap. 8).

Inizialmente la restrizione monetaria si espresse, oltre che con un progressivo aumento dei tassi d'interesse (il tasso di sconto fu portato dal 12 al 15 per cento nel dicembre del 1979, al 16,50 nel settembre del 1980 e al 19 per cento nel marzo dell'anno successivo), attraverso l'inasprimento del massimale sugli impieghi bancari. I tassi reali d'interesse, che negli anni settanta erano spesso risultati anche sensibilmente negativi, tornarono su valori positivi, ed elevati, nel corso del 1981 (fig. 5). L'indirizzo non accomodante della politica monetaria trovò altresì sostegno in una modifica di natura istituzionale: l'abbandono – con il cosiddetto «divorzio» – da parte della Banca d'Italia dell'impegno ad acquistare i titoli di Stato emessi dal Tesoro (per coprire il proprio disavanzo di cassa) e non collocati presso le banche e il pubblico. Dall'aprile del 1983, superata la fase più acuta della tensione inflazionistica, i tassi nominali d'interesse iniziarono a ridursi in linea con la riduzione dell'inflazione, lasciando sostanzialmente invariati i tassi reali.

Al rallentamento dell'inflazione contribuì anche il mantenimento di una maggiore moderazione salariale. Oltre che del mutamento del clima delle relazioni industriali intervenuto nel 1980, essa risentì del forte aumento del tasso di disoccupazione, che da livelli inferiori al 6 per cento nella seconda metà degli anni settanta salì di circa quattro punti percentuali nel corso della prima parte del successivo decennio (cfr. fig. 2).

L'incremento delle forze di lavoro, dovuto in particolare all'innalzamento del tasso di attività femminile (peraltro ancora considerevolmente inferiore a quello medio prevalente negli altri principali paesi), superò infatti notevolmente quello dell'occupazione. La modesta crescita di quest'ultima riflesse soprattutto l'effetto della ristrutturazione industriale, resa ancor più intensa dall'apprezzamento del cambio reale della lira, che richiedeva un deciso contenimento dei costi di produzione. Tra il 1980 e il 1987 il numero di occupati nel settore manifatturiero si ridusse di oltre 850.000 unità; corrispondentemente aumentò in misura considerevole la produttività del lavoro, beneficiando

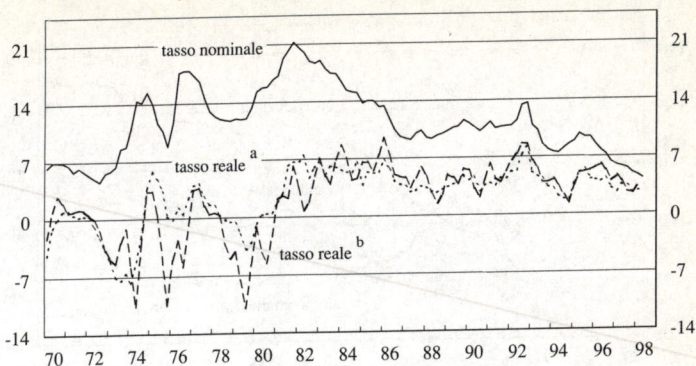

Note: *a*) Deflazionato con le aspettative d'inflazione al consumo; *b*) Deflazionato con il tasso effettivo di variazione dei prezzi al consumo.

FIG. 5. Tasso d'interesse medio dei BOT (valori percentuali).

Fonte: Banca d'Italia.

degli investimenti effettuati già nello scorcio degli anni settanta; l'aumento, superiore a quello del costo del lavoro per dipendente (al netto dell'aumento dei prezzi) determinò un ulteriore spostamento della distribuzione del reddito, in questo settore, a favore dei profitti. Alla riduzione dell'occupazione nell'industria manifatturiera (in particolare nelle imprese medio-grandi) fece riscontro in quegli anni un ampio assorbimento di manodopera da parte del settore terziario, nei servizi privati e anche, in misura minore, nelle amministrazioni pubbliche. Esso non impedì tuttavia, mentre si ampliava il divario nella crescita tra le regioni del Centro-Nord e il Mezzogiorno, il notevole aumento della disoccupazione.

La crescita del prodotto interno conobbe una stasi tra il 1980 e il 1983, non solo per il rallentamento (nel 1982, la diminuzione) delle esportazioni, nel contesto recessivo internazionale, ma anche per la continua caduta degli investimenti delle imprese. Dal 1984 la crescita del PIL tornò in prossimità del 3 per cento, con un considerevole aumento dei consumi e delle importazioni

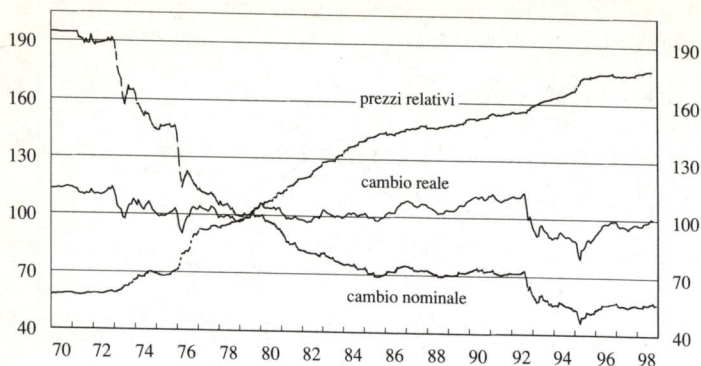

FIG. 6. Tassi di cambio effettivi e prezzi relativi dell'Italia (indici, 1979 = 100).

Fonte: Elaborazione su dati Istat. Il cambio nominale è calcolato nei confronti dei 14 principali partner commerciali dell'Italia; i prezzi relativi sono calcolati sulla base dei prezzi alla produzione dei manufatti; il cambio reale è pari al rapporto tra il cambio nominale e i prezzi relativi.

(cfr. fig. 1). Nonostante il progressivo miglioramento del saldo dei prodotti non energetici e dei servizi, nel biennio 1984-85 si ebbero ancora disavanzi nelle partite correnti della bilancia dei pagamenti, dell'ordine dell'1 per cento in media d'anno. In termini reali, nel 1986 l'apprezzamento del cambio della lira sfiorò, rispetto al 1979, il 10 per cento, a fronte di un deprezzamento nominale di quasi il 30 per cento, dato che l'aumento dei prezzi dei prodotti italiani era di quasi il 50 per cento superiore a quello dei prezzi dei nostri concorrenti (fig. 6).

Il beneficio per i costi delle imprese nei primi anni ottanta, passato il secondo shock petrolifero, creato dal favorevole andamento dei prezzi in dollari delle materie prime importate fu più che bilanciato dal forte apprezzamento del dollaro (dalle 856 lire per dollaro nella media del 1980 alle 1.909 del 1985). Un contributo alla disinflazione provenne anche, nel biennio 1983-84, dalla politica dei redditi. Questa prese prima la forma di un'intesa complessiva tra le parti sociali («protocollo» del gennaio 1983), che ebbe tra l'altro l'effetto di ridurre del 15 per cento il grado medio di indicizzazione salariale; poi, di una predeterminazione da parte del governo, dato l'obiettivo d'inflazione annunciato, degli scatti della scala mobile nel primo semestre del 1984. Questo provvedimento diede luogo a un notevole conflitto, sia a livello politico sia all'interno dello schieramento sindacale. La proposta di ripristinare i punti di contingenza non erogati nel 1984 fu sottoposta a referendum popolare e fu respinta nel giugno del 1985. All'inizio del 1986, il meccanismo della scala mobile fu rivisto, rendendo semestrale l'adeguamento delle retribuzioni al costo della vita, e garantendo piena indicizzazione solo a un livello di salario minimo; ne conseguì un abbassamento del grado medio d'indicizzazione fino a circa il 50 per cento.

In complesso, il processo di disinflazione appare segnato, fino a tutto il 1985, da una continua riduzione della componente inflazionistica di origine interna, prevalentemente per l'operare della restrizione attuata con la politica monetaria e del cambio; con il controshock petrolifero del 1986, e il pressoché contestuale cedimento del dollaro, il rientro dell'inflazione ha ricevuto il massimo contributo esterno.

Gli squilibri crescenti, il risanamento incompleto e la crisi valutaria del settembre 1992

Il guadagno di ragioni di scambio conseguente alla forte riduzione del prezzo del petrolio si riflesse nella seconda metà degli anni ottanta in un considerevole aumento dei redditi reali e della domanda privata in tutti i paesi industriali. In Italia, tra il 1986 e il 1990 il Pɪʟ aumentò a un ritmo medio annuo del 3 per cento. Non si colse tuttavia questa occasione per effettuare la correzione necessaria nei conti pubblici e fermare l'innalzamento del debito, anche solo in rapporto al Pɪʟ. Nonostante l'espansione dell'economia, il disavanzo delle amministrazioni pubbliche restò su livelli superiori al 10 per cento del prodotto; anche al netto della spesa per interessi (tra l'8 e il 10 per cento del prodotto), le uscite seguitarono a superare le entrate, benché queste fossero aumentate, nel periodo, di quasi quattro punti percentuali (dopo gli oltre cinque della prima parte degli anni ottanta, in ampia misura conseguenti all'operare dell'inflazione in un sistema progressivo di imposizione diretta: il cosiddetto *fiscal drag*). Il settore pubblico continuò a distruggere risparmio, con spese correnti (cioè diverse dagli investimenti) superiori alle entrate.

In rapporto al reddito il risparmio privato era già in diminuzione dall'inizio del decennio. Considerando anche la tassa da inflazione (la perdita, cioè, di valore delle attività finanziarie dovuta all'inflazione), la diminuzione era in atto dagli anni settanta. Essa rifletteva l'abbassamento del tasso di crescita tendenziale dell'economia (conseguente alla decelerazione della produttività), che veniva a sua volta confermato dalla riduzione nell'espansione degli investimenti; la diminuzione della propensione al risparmio risentiva altresì della spinta verso più alti livelli di consumo determinata dai forti aumenti delle prestazioni sociali conseguenti alle riforme attuate dalla seconda metà degli anni sessanta nel sistema pensionistico pubblico, finanziate in disavanzo e percepite come crescenti anche in prospettiva. Con l'aumento del disavanzo pubblico corrente (il risparmio negativo dello Stato), il risparmio netto dell'intera nazione scese, quindi, da un livello intorno al 20 per cento del reddito nazionale negli anni sessanta al 15 nella seconda metà del decennio successivo, fin sotto il 10 per cento sul finire degli anni ottanta.

All'eccessivo incremento dei consumi delle famiglie, cresciuti di circa il 3,5 per cento all'anno dal 1986 al 1990 anche per lo stimolo proveniente dall'espansione del bilancio pubblico, corrisponde una successione di disavanzi nelle partite correnti: la componente degli scambi commerciali cessa di essere in avanzo, si riduce nettamente il surplus turistico, aumenta progressivamente il passivo nei redditi da capitale, e cioè l'esborso di interessi sul debito netto verso l'estero (che cresce da un anno all'altro, fino a superare nel 1992 l'11 per cento del prodotto).

Oltre che dello sviluppo della domanda e dei redditi interni, gli scambi con l'estero risentono in questo periodo della politica di cambio «forte» seguita con l'obiettivo dichiarato di completare il processo di disinflazione. Questa politica trova il suo punto più chiaro con il passaggio della lira nella banda stretta degli accordi di cambio dello SME, all'inizio del 1990. Dal 1985 al 1992 il tasso di cambio nominale resta sostanzialmente fermo; il cambio reale si apprezza considerevolmente, con una perdita di competitività di prezzo per le imprese italiane complessivamente pari, nell'estate del 1992, a circa il 15 per cento rispetto al 1979 e a circa il 5 per cento rispetto al gennaio del 1987 (data dell'ultimo riallineamento dello SME; cfr. fig. 6).

Come si è detto, al rigore monetario non corrisponde un'azione di contenimento dei disavanzi nei conti dello Stato; il debito pubblico, che nel 1985 aveva superato l'80 per cento del PIL (valore doppio rispetto al 1970), continua a crescere e oltrepassa il 100 per cento nel 1991. Questo avviene nonostante l'introduzione di programmi di «correzione» delle tendenze di bilancio esplicitati in appositi documenti di programmazione economica e finanziaria, tendenze che invece finiscono per avverarsi, superando a volte le stesse previsioni iniziali.

Il rischio di un dissesto della finanza pubblica si accresce nell'assenza di decisioni, sul fronte della politica economica, che consentano di rispondere con fatti concreti alle analisi e ai moniti, tempestivi e chiari, provenienti da più parti; quest'assenza di decisioni riflette condizioni politiche interne estremamente difficili. La perdita di controllo della spesa pubblica ha luogo in un contesto di sprechi, di inefficienza amministrativa, e, come diverrà chiaro nella prima metà degli anni novanta, di corruzione diffusa.

Nello stesso tempo, l'inflazione, dopo essere scesa al di sotto del 5 per cento nel 1987 risale al di sopra del 6 nel 1989; si interrompe quindi la tendenza all'annullamento del differenziale d'inflazione con i principali paesi nostri concorrenti; esso rimane compreso tra i due e i tre punti percentuali all'anno, considerando tanto i prezzi al consumo quanto i prezzi alla produzione (e questo spiega l'apprezzamento del cambio reale della lira richiamato in precedenza).

Alla base della maggiore inerzia inflazionistica del nostro sistema economico in quegli anni, specie nel confronto con i principali paesi che con l'Italia avevano aderito agli Accordi europei di cambio, vi sono diversi elementi di natura strutturale. Tra questi si possono menzionare: l'insufficiente grado di concorrenza presente nel settore terziario, e quindi i ridotti guadagni di efficienza sperimentati nell'offerta di servizi; il sistema di determinazione dei redditi nominali, in particolare l'adeguamento diffuso e in parte automatico delle retribuzioni ai prezzi al consumo e una contrattazione salariale tesa a propagare da un settore all'altro incrementi nominali dei redditi non correlati agli andamenti della produttività e poco sensibili ai mutamenti della domanda; l'asimmetria nella risposta dei prezzi di produzione alle variazioni di costo delle materie prime; il modesto sviluppo qualitativo e organizzativo delle imprese industriali che, nella seconda metà degli anni ottanta e nonostante il rilevante ricupero dei profitti, impedisce il mantenimento dell'elevato ritmo di aumento della produttività sperimentato negli anni precedenti.

Al forte rallentamento degli investimenti e delle esportazioni (che indubbiamente risentono degli alti tassi reali d'interesse e delle perdite di competitività) corrisponde, dal 1989, una netta riduzione della crescita dell'attività produttiva (cfr. fig. 1). Gli incrementi del costo del lavoro per dipendente eccedono notevolmente lo sviluppo della produttività: tra il 1988 e il 1992 il costo del lavoro per unità di prodotto aumenta nell'industria di oltre un quarto. La perdita di competitività delle imprese, in assenza di un adeguamento del cambio, è evidente.

Anche se con lentezze, se ne avvertono conseguenze di rilievo sul piano delle relazioni industriali; dopo la disdetta della scala mobile da parte della Confindustria nel 1990, si inizia un processo di revisione dell'intero sistema di contrattazione salariale e di funzionamento del mercato del lavoro che porta ai due accordi fondamentali tra confederazioni industriali, sindacati e governo del luglio 1992 e del luglio 1993. A questi accordi farà seguito, oltre al definitivo abbandono dell'indicizzazione automatica delle retribuzioni, un lungo periodo di moderazione salariale, ancora sostanzialmente in corso.

Nonostante l'accordo del luglio 1992 costituisca un sicuro risultato positivo sul fronte della «politica dei redditi», si aggravano tuttavia nello stesso tempo le condizioni della finanza pubblica. In particolare, il nuovo governo (insediatosi all'inizio del mese, dopo le elezioni tenutesi in aprile, e già in parte «tecnico») incontra difficoltà e incertezze nel predisporre e attuare un adeguato insieme di misure correttive. Questo stato di cose si riflette pesantemente sui mercati finanziari e del cambio: innescato dall'esito negativo del referendum danese riguardo all'adesione all'Unione economica e monetaria (UEM) sancita col Trattato sottoscritto nel gennaio dello stesso anno a Maastricht, monta quindi nel corso dell'estate un fortissimo attacco speculativo contro la lira.

L'attacco viene contrastato dalla Banca d'Italia con un massiccio ricorso alle riserve valutarie; come si è detto, le necessarie misure di bilancio, in primo luogo sul fronte previdenziale, stentano però a essere prese; alcune decisioni in materia fiscale, come l'introduzione di un'imposta sui depositi bancari, sono anzi controproducenti, così come la gestione della crisi finanziaria di un grande ente pubblico (l'EFIM). In settembre la crisi precipita, pochi giorni prima di un altro referendum, questa volta francese (e dall'esito, sia pure per poco, favorevole), sul Trattato di Maastricht, e dopo vani tentativi di raggiungere un'intesa, nello SME, a difesa degli accordi di cambio.

Il precipitare della crisi deve essere quindi letto nel contesto del processo di unificazione europea in atto. Con il trattato sull'UEM si era giunti in Europa al completamento del disegno di integrazione economica e finanziaria, rafforzato nel 1979 con l'istituzione dello Sme. Due momenti fondamentali di questo processo avevano avuto luogo nella seconda metà degli anni ottanta: il completamento del processo di liberalizzazione dei movimenti di capitali (e quindi, per il nostro paese, il completo abbandono della rete di vincoli e controlli valutari resa più stretta all'inizio del decennio) e l'accelerazione degli interventi volti a rimuovere tutte le barriere non tariffarie e dare piena attuazione, con l'Atto unico europeo del 1986, al Trattato di Roma. Con il Trattato di Maastricht si iniziava invece la fase che avrebbe dovuto portare a una sola moneta per tutti i paesi dell'Unione europea; a tal fine venivano individuati severi limiti, con riferimento tanto ai tassi d'inflazione e d'interesse quanto ai disavanzi e ai debiti pubblici, per «giudicare» il grado di convergenza dei diversi paesi (e quindi la loro possibilità di partecipare all'Uem con il minimo rischio).

Era evidente quanto elevata fosse la distanza in Italia, in particolare in materia di finanza pubblica, dai limiti definiti nel Trattato (un disavanzo non superiore al 3 per cento del Pil, contro circa il 10 nel 1992, e un debito pubblico non superiore al 60 per cento del Pil, o almeno in decisa riduzione, se superiore, verso tale livello). Con un debito, invece, in costante crescita (già vicino al 110 per cento nello stesso 1992), non stupisce l'attenzione con cui i mercati finanziari seguivano le decisioni che il governo cercava di adottare; né stupisce lo scetticismo con cui si valutavano le probabilità di un aggiustamento strutturale, tale da risolvere il problema della sostenibilità del debito pubblico italiano in modo non traumatico, e cioè senza atti di imposizione straordinaria (fino all'estremo del consolidamento o del ripudio del debito) o di monetizzazione (con l'imposta quindi, anch'essa straordinaria, collegata all'inflazione).

La stessa libertà di movimento dei capitali e i progressi nel mercato finanziario italiano (connessi con l'eccezionale incremento del debito pubblico) finiscono per rendere particolarmente acuta la crisi del settembre 1992. Se nello scorcio degli anni ottanta, e in contrasto con i fondati timori di un deflusso netto di fondi, era affluito un ammontare cospicuo di capitali esteri (con un accumulo notevole di riserve valutarie), in pochi mesi, anzi in poche settimane, l'uscita dalla lira diviene altrettanto cospicua. Dopo un tentativo, il 12 settembre, di variare la parità (con una svalutazione del cambio della lira del 7 per cento nei confronti delle altre valute aderenti agli Accordi europei di cambio), la speculazione forza la lira ad abbandonare, insieme con la sterlina inglese, il meccanismo di cambio, e iniziare a fluttuare.

Nella difesa del cambio la Banca d'Italia consuma tutte le proprie riserve; vi è, all'indomani della crisi valutaria, il rischio di una crisi finanziaria, questa volta sul debito pubblico. Il rischio viene sventato grazie all'adozione, subito dopo il crollo della lira, di una severissima manovra di correzione del bilancio (pari a circa il 6 per cento del PIL), con il simultaneo inasprimento della pressione fiscale, la riduzione delle spese correnti e in conto capitale, in particolare la limitazione (anche con un blocco dei pensionamenti) dei trasferimenti previdenziali. Un ruolo decisivo nei confronti dei mercati viene svolto dall'azione di controllo monetario: il tasso ufficiale di sconto, portato al 15 per cento nel settembre, viene ridotto con gradualità, ma resta ancora pari al 12 per cento alla fine dell'anno; una rete di sicurezza viene costituita con l'indicazione alle banche di limiti entro i quali contenere la crescita degli impieghi; dalla banca centrale vengono forniti alle banche e ai mercati gli elementi necessari per una corretta risposta alla crisi. Questa è sì molto grave, ma vi sono ormai le premesse per affrontarla con successo, dopo l'accordo sul costo del lavoro e l'inizio, sia pure tardivo e in così drammatiche circostanze, della difficile e onerosa, ma non impossibile, azione di risanamento delle pubbliche finanze.

6. Il ricupero della stabilità e l'adesione all'Unione economica e monetaria

Dal settembre 1992 la lira, ormai fuori dagli accordi di cambio, comincia a fluttuare. Occorreranno quattro anni perché la nostra valuta ritorni ad aderire, in condizioni di ritrovata stabilità, agli Accordi europei di cambio. In questi quattro anni l'Italia affronta, oltre a una pesante recessione e a un nuovo grave rischio d'inflazione, un passaggio politico molto difficile. Vengono alla luce estesi fenomeni di corruzione, che coinvolgono una parte significativa della classe politica e amministrativa; si succedono ben cinque governi, in buona parte, quando non interamente, composti da ministeri «tecnici»; e si avvia, tra non pochi contrasti, un complesso percorso verso un nuovo assetto istituzionale.

Dalle condizioni politiche generali l'incertezza si estende agli indirizzi e alle misure di politica economica. Ne sono in particolar modo colpiti i mercati finanziari e valutari e ne risente l'andamento delle principali variabili dell'economia. Nel 1995 le quotazioni della lira raggiungono livelli ingiustificatamente bassi, in relazione sia agli andamenti congiunturali, sia alle prospettive di fondo dell'economia italiana; ne conseguono il riaccendersi del rischio d'inflazione e il rialzo dei tassi di interesse. Ma, nonostante la gravità dei problemi strutturali, tutto considerato tra il 1992 e il 1996 vengono conseguiti risultati positivi.

In particolare, una politica monetaria restrittiva riesce a evitare il deterioramento delle aspettative d'inflazione, determinando un netto abbassamento dell'inflazione effettiva verso i livelli prevalenti negli altri principali paesi europei. Dal canto suo il governo decide di puntare fermamente all'obiettivo della partecipazione dell'Italia all'Unione economica e monetaria europea fin dal suo avvio, dal primo gennaio 1999, introducendo, a tal fine, un'ambiziosa manovra di finanza pubblica volta a ridurre con decisione il disavanzo e a porre le condizioni per un riequilibrio duraturo dei conti pubblici.

L'economia italiana reagisce con successo. Nel 1997 l'inflazione scende al di sotto del 2 per cento; il disavanzo pubblico si riduce di quattro punti percentuali in rapporto al Pil, portandosi ben al di sotto del 3 per cento; l'incidenza del debito pubblico sul prodotto, benché tuttora elevata, continua a diminuire gradualmente; il differenziale tra i tassi d'interesse a lungo termine italiani e tedeschi si riduce a pochi decimi di punto. Con il soddisfacimento delle condizioni stabilite dal Trattato di Maastricht, il ritorno alla stabilità monetaria consente quindi all'Italia di entrare a far parte dell'area dell'euro fin dall'inizio.

Dalla crisi valutaria al rientro negli Accordi di cambio (1992-96)

Tra il 1992 e il 1996 si avvia la correzione di alcuni tra i più gravi squilibri dell'economia grazie a tre fatti importanti, che riguardano rispettivamente le relazioni tra le parti sociali, la politica di bilancio e la politica monetaria.

In primo luogo, con gli accordi sul costo del lavoro del luglio 1992 e del luglio 1993 si introducono importanti innovazioni nel sistema delle relazioni industriali. Da un lato, si afferma la necessità di rimuovere alcuni degli ostacoli che irrigidiscono il mercato del lavoro; dall'altro, con il definitivo abbandono della «scala mobile» si sostituisce all'indicizzazione *ex post* dei salari un sistema di contrattazione volto a collegare l'evoluzione salariale all'andamento reale dell'economia e agli obiettivi futuri d'inflazione. Il secondo aspetto ha effetti immediati più evidenti. Negli anni successivi gli aumenti salariali sono inferiori non solo alla crescita della produttività (il che determina un aumento della quota di reddito distribuita ai profitti), ma anche alla stessa inflazione, quindi con una riduzione dei salari reali. Questo contribuisce a far sì che l'inflazione continui a ridursi nonostante la forte svalutazione della lira.

In secondo luogo, si attua una decisa azione di contenimento del bilancio pubblico. Insieme alla riduzione dei redditi da lavoro, il controllo del disavanzo determina, nel 1993, un forte calo del reddito disponibile delle famiglie. Ne deriva una diminuzione dei consumi privati (oltre il 2 per cento), a cui si aggiunge una drastica contrazione degli investimenti delle imprese (poco meno del 13; in entrambi i casi si tratta delle più forti riduzioni osservate nel periodo considerato in questo libro). Il Pil diminuisce dell'1,2 per cento (cfr. fig. 1). Tanto i consumi quanto gli investimenti risentono, dopo il settembre 1992, della diffusione di aspettative molto pessimistiche – rispettivamente delle famiglie e delle imprese – circa le possibilità di rapido ricupero dell'economia. Le famiglie temono per le prospettive del reddito e dell'occupazione (quest'ultima in effetti calerà di circa un milione di unità tra l'estate del 1992 e la fine del 1994); inoltre, poiché a questo punto risulta chiaro che saranno necessari ulteriori, duri interventi per il risanamento della finanza pubblica, esse riducono la spesa per consumi nell'attesa di altri inasprimenti fiscali e di un ridimensionamento dei benefici pensionistici. Anche a causa del prudente atteggiamento dei consumatori, le imprese si attendono uno scarso sviluppo della domanda interna; a questo si aggiunge un andamento poco favorevole della domanda estera, in particolare nell'Europa continentale.

I grandi paesi europei si trovano infatti ad adottare contemporaneamente orientamenti fiscali e monetari restrittivi. In Italia entrambe le politiche sono ancora più necessarie che altrove, date le peggiori condizioni della finanza pubblica (il debito pubblico supera il 120 per cento del Pil, il disavanzo è dell'ordine del 10 per cento), e dato l'obiettivo di annullare, nonostante la svalutazione, il differenziale d'inflazione con i nostri principali partner commerciali e politici. Il terzo fatto consiste quindi nell'orientamento generalmente restrittivo della politica monetaria, a fini antinflazionistici.

Nel 1993 la riduzione della domanda interna, l'assenza di pressioni sul costo del lavoro, la debolezza dei corsi delle materie prime e la cautela dei produttori esteri nella fissazione dei prezzi in lire frenano l'inflazione. Nonostante che il cambio della lira si deprezzi, tra il settembre 1992 e la fine del 1993, di quasi il 20 per cento (con il marco che passa da poco meno di 760 a quasi 1.000 lire), l'inflazione scende al 4 per cento nella media del biennio 1993-94 (cfr. fig. 2). Ciò consente di ridurre gradualmente i tassi d'interesse: nel maggio del 1994 il tasso ufficiale di sconto tocca un minimo del 7 per cento.

Poiché al deprezzamento della lira non si accompagna un ricupero dei costi di produzione, le imprese riescono a espandere le vendite all'estero: le esportazioni aumentano, nel triennio 1993-95, a un tasso medio annuo superiore al 10 per cento. Con investimenti e consumi solo in moderata ripresa, le importazioni cadono dell'8 per cento nel 1993. Esse ricuperano la perdita nel 1994; nel 1995 continuano a crescere del 10 per cento, un tasso elevato ma inferiore a quello delle esportazioni. Sulla spinta soprattutto di queste ultime, il Pil cresce nel biennio 1994-95 a un ritmo medio superiore al 2,5 per cento.

Data anche la moderata espansione dei prezzi dei prodotti importati, con la svalutazione del cambio si assiste a un rapido rovesciamento delle condizioni della bilancia dei pagamenti. Le partite correnti, in passivo per oltre 35.000 miliardi nel 1992, presentano un avanzo di 16.000 nel 1993. Da allora l'avanzo aumenta di anno in anno, fino a superare nel 1996 i 60.000 miliardi (quasi il 3,5 per cento del Pil). Dall'11 per cento con cui si era chiuso il 1992, il debito estero netto dell'Italia si riduce anch'esso anno dopo anno (cfr. fig. 4).

La situazione muta, tuttavia, a partire dalla metà del 1994. Rinnovate difficoltà politiche tornano a causare turbolenze sui mercati valutari e finanziari. Nei primi mesi del 1995, in assenza di una chiara inversione di tendenza nei conti pubblici del nostro paese, una grave crisi finanziaria e valutaria in Messico contagia la lira, che tocca, in marzo, l'eccezionale quotazione di oltre 1.270 rispetto al marco tedesco. Poiché nello stesso tempo sono in rialzo i prezzi delle materie prime e migliorano le condizioni della domanda interna (con margini di profitto delle imprese anch'essi in aumento), si rischia una nuova fiammata inflazionistica. A questi fattori si aggiunge l'aumento delle imposte indirette, deciso dal governo nell'ambito di una manovra di bilancio, che si riflette per quasi un punto percentuale sul livello dei prezzi al consumo.

Nonostante tutto questo, l'inflazione, dopo essere per qualche mese tornata oltre il 6 per cento, riprende a scendere alla fine del 1995, fino a portarsi stabilmente, dalla seconda metà del 1996, intorno al 2 per cento. Questo risultato, che chiude il lungo periodo di alta inflazione iniziato nei primi anni settanta, riflette in primo luogo il mutamento dei comportamenti e delle aspettative indotto dall'indirizzo restrittivo della politica monetaria. Già alla metà del 1994 la Banca d'Italia aveva reagito alle prime avvisaglie di ripresa dell'inflazione con un primo aumento del tasso di sconto. Nel corso del 1995 la restrizione monetaria si rafforza, per contrastare con decisione le aspettative inflazionistiche. Il tasso di sconto aumenta complessivamente di due punti, e la banca centrale annuncia un sentiero di disinflazione progressivo e rigoroso.

Alla riduzione dell'inflazione contribuisce il forte ridimensionamento della domanda interna, ancora necessario per riequilibrare i conti con l'estero; nel 1996 il PIL cresce di meno dell'1 per cento. Inoltre, la moderazione salariale e, in particolare, la rimozione dell'indicizzazione dei salari rendono la disinflazione più agevole. D'altra parte il rallentamento ciclico si aggiunge all'innalzamento dei tassi d'interesse nel rendere più lento il progresso sul fronte dei conti pubblici; né è privo di conseguenze sul fronte dell'occupazione, che alla fine del 1996 risulta ancora inferiore di 800.000 unità rispetto a quattro anni prima.

I problemi dell'occupazione, però, hanno natura fondamentalmente strutturale: l'alternarsi di una fase espansiva nel 1994-95 e di un forte rallentamento nel 1996 non incide significativamente sulle condizioni del mercato del lavoro. In particolare la fase di espansione, trainata dal settore industriale e soprattutto dalle esportazioni, non favorisce l'economia meridionale dove il problema della disoccupazione è più grave ma il peso dell'industria esportatrice è assai inferiore che nel resto del paese.

Quanto al risanamento dei conti pubblici, nonostante le difficoltà del 1996 gli operatori cominciano a convincersi che le azioni di riequilibrio intraprese negli ultimi anni stanno cominciando a dare frutti. Nella primavera del 1995, in particolare, viene raggiunto un accordo tra governo e parti sociali sulla riforma del sistema pensionistico; l'accordo, anche se non consente ancora di rovesciare definitivamente le prospettive di una crescita eccessiva della spesa previdenziale, è valutato positivamente dai mercati. Intanto emerge un solido miglioramento nel saldo di bilancio al netto della spesa per interessi, che nel 1995 è in avanzo per circa il 4 per cento del PIL, e rimane sullo stesso livello anche nel 1996, nonostante la riduzione del tasso di crescita dell'economia da quasi il 3 a meno dell'1 per cento. Infine si inverte la tendenza del rapporto tra debito pubblico e PIL: dopo aver raggiunto un massimo del 125 per cento, dal 1995 esso comincia a diminuire (cfr. fig. 3).

Il miglioramento delle prospettive della finanza pubblica, la riduzione dell'inflazione e la chiara determinazione della Banca d'Italia ad evitarne il riaccendersi contribuiscono al ristabilirsi di condizioni ordinate sui mercati. I tassi d'interesse di mercato tornano a ridursi; il differenziale tra i tassi a 10 anni italiani e tedeschi si porta dagli oltre 6 punti percentuali della primavera del 1995 a meno di 2 alla fine del 1996. Si pongono così le condizioni per una netta riduzione dell'onere per interessi sul debito pubblico.

Il cambio della lira riflette questi miglioramenti, e contribuisce, apprezzandosi, a confermarli. Nell'autunno del 1996 la lira rientra negli Accordi europei di cambio. La nuova parità centrale rispetto alle altre valute europee, pur se considerevolmente apprezzata rispetto ai minimi toccati nella primavera del 1995, assicura un sufficiente margine di competitività alle imprese italiane: rispetto alla situazione precedente la svalutazione del 1992 il deprezzamento è dell'ordine del 10 per cento. La bilancia dei pagamenti continua quindi a mostrare un forte attivo di parte corrente, portando a un sostanziale riequilibrio la posizione debitoria netta dell'Italia verso l'estero.

Sotto la spinta della necessità di rispettare i criteri di convergenza per l'adesione all'unione monetaria, nel 1997 l'azione di risanamento della finanza pubblica torna a rafforzarsi. Nella primavera, anche a causa di un'evoluzione della congiuntura meno favorevole del previsto, viene attuata una manovra aggiuntiva di bilancio pari a poco meno dell'1 per cento del PIL, per evitare che il disavanzo oltrepassi il limite del 3 per cento fissato dal Trattato di Maastricht. Alla fine il disavanzo risulterà pari al 2,7 per cento, ben al di sotto dell'obiettivo. Lo sforzo compiuto per conseguirlo è ben riassunto dal prelievo «per l'Europa», che produce entrate per circa 11.500 miliardi; esso consiste per circa i due quinti di un'imposta straordinaria a carico delle persone fisiche, e per il resto di un anticipo di imposte a carico delle imprese. La pressione fiscale cresce di quasi 2 punti percentuali del PIL, tornando a superare, come nel 1993, il 44 per cento; la spesa per interessi si riduce di quasi l'1,5 per cento del PIL; l'avanzo primario (al netto, cioè, della spesa per interessi) sale a quasi il 7 per cento del PIL; il rapporto tra debito pubblico e PIL scende dal 124 a poco più del 121 per cento.

L'inflazione, misurata dall'indice dei prezzi al consumo armonizzato su base europea, scende nella media del 1997 al di sotto del 2 per cento, mentre le aspettative d'inflazione continuano a ridursi. Il calo dell'inflazione, insieme al miglioramento dei conti pubblici e della bilancia dei pagamenti, apre lo spazio per un graduale allentamento della politica monetaria: il tasso di sconto scende a cinque riprese, tra il luglio 1996 e il dicembre 1997, per un totale di 3,50 punti percentuali, mentre il differenziale tra i tassi di mercato a lungo termine italiani e tedeschi si riduce a meno di mezzo punto. Contro molte previsioni e grazie al grande impegno di *policy-makers* e parti sociali, la ritrovata stabilità monetaria e la tendenza al riequilibrio della finanza pubblica permettono all'Italia di essere inclusa tra i paesi partecipanti all'Unione economica e monetaria (i paesi, cioè, della nuova «area dell'euro») fin dal suo avvio, il primo gennaio 1999.

La definizione dei paesi partecipanti all'UEM ha luogo nel maggio del 1998, quando le prospettive di crescita nell'area appaiono piuttosto favorevoli; per l'Italia, dopo un incremento assai modesto del PIL nel 1997 (1,5 per cento), le previsioni per il biennio successivo sono comprese tra il 2 e il 3 per cento. Ma nel corso dell'anno la congiuntura europea peggiora, tra l'altro a causa di un calo della domanda mondiale connesso con la crisi finanziaria dei paesi emergenti del Sud-Est asiatico esplosa nell'estate del 1997 (e diffusasi successivamente alla Russia e all'America latina), a cui segue un ridimensionamento delle aspettative di domanda da parte delle imprese, in Germania legato anche alle condizioni politiche interne.

L'unione monetaria si apre quindi con una situazione congiunturale incerta. In Italia essa è particolarmente sfavorevole: nel 1998 il PIL cresce dell'1,4 per cento, ancor meno che nel 1997 e ben al di sotto della media degli altri paesi dell'area. Ciononostante l'occupazione mostra un piccolo ricupero e il disavanzo pubblico rimane pari al 2,7 per cento del PIL. Il peggioramento delle prospettive di crescita per il 1999 rende meno agevole il progresso verso l'equilibrio del bilancio pubblico, previsto dal Patto di stabilità e crescita approvato nel giugno 1997 dal Consiglio europeo e necessario per ridurre rapidamente l'incidenza del debito pubblico sul Pɪʟ. Né si può dimenticare quanto elevata sia la pressione fiscale, e quanto necessaria, ma in queste condizioni anche difficile, una sua riduzione.

Intanto poiché l'inflazione si mantiene assai moderata, la politica monetaria continua ad allentarsi. Tra il dicembre 1997 e l'ottobre 1998 il tasso di sconto viene abbassato dal 5,50 al 4 per cento. Alla fine dell'anno, considerate la stabilità dei prezzi e le condizioni economiche generali in Europa, le undici banche centrali nazionali dell'area dell'euro decidono una riduzione coordinata dei tassi di riferimento. L'ultimo valore del tasso di sconto italiano è il 3 per cento; esso coincide con il primo valore del nuovo tasso di riferimento per la politica monetaria nell'area dell'euro (il tasso sulle operazioni di rifinanziamento principali), affidata dal 1999 alla Banca centrale europea.

Il ritorno all'equilibrio della posizione debitoria sull'estero, il rientro dell'inflazione, la ritrovata stabilità monetaria e i progressi nel risanamento dei conti pubblici hanno cominciato a creare condizioni favorevoli per una ripresa degli investimenti e uno sviluppo dell'attività produttiva duraturi nel tempo. Perché ciò si verifichi, e perché si pongano le premesse per riassorbire la disoccupazione in modo permanente, è tuttavia necessario affrontare finalmente con determinazione alcuni nodi strutturali della nostra economia. Di questi ultimi passiamo ora a occuparci.

7. *La questione del Sud*

In quest'ultima parte del libro richiamiamo l'attenzione del lettore sulle principali questioni strutturali irrisolte che gravano sull'economia italiana. Tre ci paiono le più gravi: il Sud, lo Stato, i mercati. Dedicheremo a ciascuna un capitolo, discutendone origini e implicazioni in modo sintetico e qualitativo.

Non trattiamo a parte il problema della disoccupazione, perché, come già abbiamo detto, in Italia esso è tutt'uno con la questione meridionale. Questo non significa che manchino i disoccupati nel Centro-Nord, tutt'altro; al di fuori del Mezzogiorno, però, la disoccupazione italiana è meno elevata di quella di altri paesi, specialmente dell'Europa continentale, e non sembra avere caratteri così peculiari da esigere una trattazione specifica nello spazio necessariamente ristretto di un libro come questo. Nel Sud, invece, la disoccupazione, oltre ad essere estremamente elevata, è solo il segno più vistoso di un groviglio secolare di problemi, di un intreccio complesso e perverso fra ritardo dello sviluppo, illegalità, assistenzialismo e frustrazione delle energie imprenditoriali. A dispetto di decenni di politiche per lo sviluppo, e nonostante alcuni parziali successi, il divario rispetto al Centro-Nord è ancora oggi di dimensioni inaccettabili. Sosterremo che è necessario muoversi in direzioni diverse dal passato; e che una politica basata sull'assistenza, oltre a essere ormai impraticabile per motivi di costo, non è neppure la più efficace.

Il divario nelle condizioni economiche e civili tra Nord e Sud dell'Italia ha origini lontane. Come già prima dell'Unità d'Italia, redditi bassi, carenza di infrastrutture, amministrazioni pubbliche inefficienti, illegalità diffusa sono ancora oggi tra i maggiori problemi del Mezzogiorno d'Italia.

Ovviamente, progressi enormi sono stati fatti; le differenze sono oggi incomparabilmente meno marcate. È difficile fare confronti statisticamente attendibili con il secolo scorso, ma per gli ultimi decenni le misure del divario tra Nord e Sud sono ben conosciute; così come lo sono alcuni aspetti del processo di convergenza socioeconomica tra le due aree, o – in alcuni periodi – della mancata convergenza. Prima di tutto, dunque, rammentiamo sinteticamente i dati più importanti circa la situazione attuale e l'evoluzione più recente.

I fatti

Nelle otto regioni del Mezzogiorno d'Italia vive circa il 36 per cento della popolazione italiana, e si produce il 24 per cento del Pil. Il Pil pro capite è dunque pari al 55 per cento di quello del Centro-Nord.

Quasi tutti gli indicatori considerati nei primi capitoli confermano l'esistenza di un divario. Il tasso di disoccupazione nel Sud è più alto di 15 punti rispetto al Centro-Nord (22,6 contro 7,4 per cento, nel 1998); il tasso di attività è più basso (36 contro 44 per cento, se calcolato sul totale della popolazione). Per conseguenza, nelle regioni del Mezzogiorno il tasso di occupazione è tra i più bassi d'Europa. La ricchezza media delle famiglie meridionali è inferiore di circa il 30 per cento a quella delle famiglie del Nord, benché la dimensione media delle famiglie sia maggiore; secondo uno studio riferito al 1991, solo il 4 per cento delle famiglie possiede attività finanziarie diverse dai depositi bancari e dai titoli di Stato (16 per cento nel Nord). La povertà è più diffusa, e la disuguaglianza all'interno dell'area, misurata dall'indice di Gini, è maggiore nel Sud che nel Centro-Nord. L'incidenza del settore agricolo sull'occupazione è più del doppio di quella del Centro-Nord (12 contro 5 per cento, nel 1998) e quella dell'industria meno della metà (14 contro 29 per cento); nei servizi, il peso del terziario pubblico, già elevato a livello nazionale, lo è ancora di più nel Mezzogiorno. La propensione all'esportazione (cioè il rapporto tra esportazioni e Pil) è dell'8 per cento, contro il 25 per cento del Centro-Nord, soprattutto per effetto del limitato peso dell'industria (dati della Svimez riferiti al 1997). Secondo le ricostruzioni disponibili, il Mezzogiorno presenta un disavanzo permanente della bilancia commerciale.

Solo il tasso di investimento è stato nel Sud, per lunghi periodi, superiore a quello del Centro-Nord, grazie sia alle politiche di insediamento delle imprese a partecipazione statale, sia agli incentivi all'investimento distribuiti ai privati. Tuttavia, sia la produttività del capitale sia quella del lavoro nelle imprese meridionali sono, secondo vari studi, significativamente inferiori alla media nazionale.

Alla presenza di grandi imprese, spesso di origine pubblica, in pochi poli concentrati, fa riscontro nella generalità del territorio meridionale un tessuto produttivo sparso ed esile. La dimensione media delle imprese è ancora inferiore a quella nazionale; le piccole imprese meridionali, però, raramente sono organizzate in «distretti», e sono proiettate più spesso che nel Nord sul mercato locale.

Il divario nel prodotto pro capite si era sensibilmente ridotto fino alla metà degli anni settanta, soprattutto tra il 1960 e il 1970. Il rapporto tra il Pil per abitante nel Sud e quello nel Centro-Nord, pari al 53 per cento all'inizio degli anni cinquanta, era giunto a superare il 60 per cento tra il 1970 e il 1975. Negli anni ottanta vi sono state ampie oscillazioni; nei primi anni novanta, la tendenza è stata negativa, anche per effetto della contrazione della spesa pubblica, da cui il Sud dipende in misura maggiore del Nord.

Data la sua struttura produttiva, il fermo dell'attività nell'edilizia non è stato compensato, come in altre aree del paese, dal beneficio, per le esportazioni, del deprezzamento della lira. Il peggioramento della situazione economica si è riflesso, al di là delle sue stesse inefficienze, sulle condizioni del sistema bancario del Mezzogiorno. I tassi sui prestiti alla clientela meridionale superano oggi mediamente di due punti quelli del Centro-Nord, ma, se si tiene conto della quota necessaria a coprire le perdite sui crediti, non sono di essi più alti.

Nel frattempo, si è acuito il divario relativo al mercato del lavoro. Nel 1970 la differenza nei tassi di disoccupazione era di tre punti (6 per cento nel Mezzogiorno, 3 nel Centro-Nord); nel 1980 aveva superato i quattro punti; dalla metà del decennio scorso si è rapidamente ampliato, superando i dieci punti nel 1987 e i quindici nel 1998.

Da alcuni anni certe regioni meridionali hanno cominciato a mostrare segni di uno sviluppo più rapido. In Abruzzo, per esempio, il PIL pro capite è quasi uguale alla media nazionale, e la disoccupazione addirittura inferiore alla media. A questo sviluppo hanno contribuito sia numerosi insediamenti di imprese industriali esterne, sia, in certe zone, lo sviluppo di piccole imprese locali. Da alcuni anni l'Abruzzo, dato l'incremento del suo PIL pro capite, è uscito dal novero delle regioni europee in ritardo di sviluppo, destinatarie di speciali aiuti. Il Molise, che ha avuto uno sviluppo simile, si appresta a seguirlo. In alcune zone della Campania e della Puglia, infine, si stanno formando aggregazioni locali di piccole imprese che ricordano i «distretti industriali» del Centro-Nord.

Queste sono per ora solo eccezioni. Nel complesso, il divario economico tra Nord e Sud, negli ultimi venti o venticinque anni, non si è affatto ridotto.

Le cause di fondo

La ricerca di una spiegazione della persistente arretratezza del Sud ha dato vita a una letteratura sterminata. Una corrente di opinione sottolinea certi elementi puramente geografici: la collocazione fisicamente periferica del Mezzogiorno d'Italia, la sua lontananza dai mercati di sbocco centro-europei. Un'altra dà maggiore importanza agli aspetti sociali e istituzionali. A questo proposito, si sostiene anche che il divario fra Nord e Sud affondi le radici in eventi lontani parecchi secoli, per esempio nel contrasto fra l'affermarsi di valori e istituzioni «borghesi» nei liberi comuni prevalenti nel Centro-Nord e la persistenza di un'organizzazione feudale nella gran parte del Sud.

Nonostante che l'efficienza e lo sviluppo di un'economia di mercato si fondino sull'aspirazione individuale al profitto, valori e istituzioni sono sicuramente rilevanti ai fini dello sviluppo economico. La motivazione del profitto non può dispiegare pienamente i propri effetti se vi sono ostacoli legali o culturali alla mobilità sociale. Inoltre, il funzionamento del mercato si basa sul contratto; si deve dunque poter contare sul fatto che i contratti vengano di solito conclusi in buona fede, il più delle volte rispettati spontaneamente e, se necessario, fatti rispettare da un'autorità. È dunque necessario che sussista un minimo di fiducia fra i contraenti, basata su valori generalmente condivisi (correttezza, ragionevolezza, equità), e che l'amministrazione della giustizia sia sufficientemente rapida e prevedibile. Un mondo come quello feudale, diviso rigidamente in classi, in cui ricchezza e potere sono fortemente polarizzati, e in cui la giustizia è amministrata in modo arbitrario e personale, per definizione non incoraggia lo sviluppo capitalistico. Sia colpa, come taluno ha sostenuto, dell'invasione normanna dell'XI secolo (che rafforzò ed estese il sistema feudale), o di qualunque altro insieme di eventi, secondo questa visione l'origine secolare del divario consiste nel fatto che il Mezzogiorno è stato soggetto molto più a lungo e intensamente del Nord a forme di organizzazione sociale sfavorevoli allo sviluppo.

Resta però da spiegare perché dopo l'Unità, cancellata ogni differenza di regime, il divario non sia scomparso. In una certa visione delle interazioni tra organizzazione sociale e sviluppo, le regole non scritte della convivenza sono altrettanto importanti di quelle scritte, anche ai fini della vita delle imprese. In questa visione, l'unificazione formale della giurisdizione avrebbe avuto scarsi effetti sull'effettiva regolazione dei rapporti economici: le regole non scritte si modificano solo molto lentamente, con il passaggio delle generazioni. Ma anche la teoria economica nel senso più stretto, ovviamente, ha ampiamente riflettuto – con i propri strumenti teorici – sui divari di sviluppo e sulla loro permanenza.

La convergenza neoclassica e i suoi limiti

Secondo la teoria neoclassica della convergenza regionale, due aree che hanno all'inizio un livello diverso del Pil pro capite dovrebbero tendere nel tempo a convergere verso un livello comune, sempre che abbiano accesso alla medesima tecnologia (con rendimenti decrescenti), che non vi siano imperfezioni di mercato e che i rispettivi abitanti abbiano le stesse preferenze (in particolare, che siano «cicale» o «formiche» nella stessa misura: cfr. la discussione nel cap. 3). In altre parole, le regioni convergono spontaneamente, basta lasciare libere le forze della concorrenza e dare tempo al tempo. Come tutte le teorie economiche, anche questa si basa su modelli molto semplificati, che trascurano importanti aspetti della realtà. Può essere utile tuttavia come punto di riferimento, per cercare di capire che cosa, in determinate situazioni storiche, non ha funzionato, quali ostacoli concreti hanno impedito all'economia di mercato di produrre i propri effetti.

Nel Mezzogiorno un processo di convergenza, nel lunghissimo periodo, c'è stato. Nonostante tutto quello che si è detto sopra (e nonostante certi acrimoniosi dibattiti contemporanei), le condizioni economiche e sociali, anche se peggiori che nel Centro-Nord, sono notevolmente migliorate. Considerando la strada ancora da fare, si può essere portati a dimenticarsi di quella già percorsa.

Sorgono però varie obiezioni. Primo, se il processo spontaneo di convergenza è così lento da non essere riuscito a cancellare il divario in un arco di tempo più che secolare, allora l'ottimismo della visione neoclassica risulta assai temperato. Secondo, in ogni caso nell'ultimo quarto di secolo il meccanismo sembra avere smesso di funzionare. Terzo, chi ha detto che questo processo sia stato spontaneo, e non piuttosto indotto dalle politiche di aiuto che nell'arco dei decenni si sono succedute?

Lasciamo ai prossimi paragrafi la discussione delle politiche; la questione empirica della misura in cui esse abbiano contribuito allo sviluppo è comunque troppo ampia, complessa e controversa per affrontarla qui. Circa le altre questioni, è importante sottolineare due tra le condizioni che il modello neoclassico presuppone: la flessibilità nella rimunerazione dei fattori produttivi (lavoro e capitale) e la loro mobilità. (La seconda non è necessaria, a rigore, perché esista convergenza, ma la rende più rapida.)

Ebbene, sotto entrambi gli aspetti vi sono evidenti differenze tra gli anni in cui il processo di convergenza tra Sud e Nord è stato più intenso (gli anni cinquanta e sessanta) e il periodo successivo. Anche per effetto delle cosiddette «gabbie salariali», all'inizio degli anni sessanta nel settore manifatturiero il costo del lavoro pro capite era la metà di quello del Centro-Nord. La differenza è diminuita notevolmente nel corso del tempo, nonostante la fiscalizzazione degli oneri sociali di cui parleremo tra poco. D'altra parte, la mobilità del lavoro, intensa fino agli anni sessanta, si è molto ridotta nel periodo successivo, con l'arresto del processo migratorio.

Sull'emigrazione interna è utile spendere qualche riga di commento. Dal punto di vista individuale, gli emigranti affrontavano con coraggio sofferenze e disagi in cerca di un migliore destino materiale. Dal punto di vista aggregato, l'emigrazione interna ha svolto in quegli anni una funzione equilibratrice essenziale, ridistribuendo lavoro dalle aree in cui era sovrabbondante e poco pagato a quelle in cui era scarso e meglio pagato, impedendo il sorgere di ampi divari di disoccupazione ed esercitando in ultima analisi una pressione equalizzatrice sui salari, e più in generale sui redditi pro capite.

Trascurando altri piani, l'emigrazione è stata, nonostante tutto, un potente fattore di riequilibrio economico; nel valutarne gli effetti, occorre tener conto dell'innegabile dato di fatto della differenza delle condizioni di partenza e dell'obiettivo di una significativa riduzione del divario in tempi rapidi.

Negli anni settanta l'emigrazione interna si è arrestata; in seguito essa non è più ripresa in misura paragonabile al passato. Le cause di questo fenomeno sono molteplici e non tutte ben conosciute. In primo luogo, il rallentamento generale dello sviluppo, che rendeva più difficile trovare un lavoro anche fuori della propria terra di origine, ha ridotto lo stimolo a emigrare. Ha influito anche la crescita del costo dell'emigrazione, soprattutto a causa delle sempre maggiori difficoltà del mercato della casa. Ma probabilmente hanno giocato un ruolo importante anche l'estensione della rete della protezione sociale e la stessa crescita complessiva dei redditi.

Il ruolo dell'intervento pubblico

Nella sua versione più semplice, la visione neoclassica lascia poco spazio all'intervento pubblico: le cose, o si aggiustano da sole, o non si aggiustano affatto. Due interpretazioni alternative dei divari regionali e della loro persistenza forniscono invece potenziali ragioni per un ruolo attivo dello Stato.

La prima è in realtà solo una versione più complicata della teoria neoclassica, la quale – come si è detto – presuppone che ogni regione abbia accesso alla stessa tecnologia. La parola «tecnologia», in questo contesto, comprende nella propria definizione qualunque condizione, esterna rispetto alle decisioni imprenditoriali, che influenzi la produttività dei fattori. Vi rientrano dunque, oltre alla tecnologia produttiva in senso stretto, elementi quali la dotazione di infrastrutture (strade, telecomunicazioni, ecc.) e l'efficienza dell'amministrazione pubblica locale. Se, al contrario dell'ipotesi neoclassica della convergenza assoluta, due regioni possiedono alcuni di questi elementi in misura permanentemente diversa, esse «convergono» verso livelli di prodotto pro capite diversi: il che significa, in molti casi, che non convergono affatto. Ora, mentre per l'adeguamento della tecnologia dei macchinari ci si può affidare al mercato, gli altri fattori sono largamente sotto il controllo pubblico e quindi richiedono, se esistono divari di partenza, l'intervento dello Stato.

Una seconda alternativa è fornita da teorie radicalmente diverse dalla visione neoclassica tradizionale, che possono essere raggruppate sotto l'etichetta di «teorie della causazione cumulativa». In base a queste teorie non vi è convergenza spontanea: se una regione possiede un vantaggio iniziale tenderà a mantenerlo e ad accrescerlo. Si tratta di una famiglia di teorie alquanto eterogenee, che giungono a conclusioni simili fra loro postulando cause diverse: per esempio la presenza di economie di scala produttive che rendono conveniente la concentrazione della produzione, ovvero la maggiore diffusione, nelle aree più avanzate, di manodopera qualificata, di mercati finanziari sviluppati, di attività di ricerca, e di altre condizioni che favoriscono un ulteriore sviluppo delle stesse aree. Se questa visione è corretta, l'intervento pubblico può essere necessario per innescare lo sviluppo locale, forzando la costituzione di una massa critica iniziale.

Le politiche

La questione meridionale apparve in tutta la sua gravità negli anni immediatamente successivi all'Unità. Grandi inchieste sulle condizioni economico-sociali del Sud documentarono l'arretratezza delle regioni meridionali e suggerirono interventi di varia natura. Leggi speciali per il Mezzogiorno, con i primi incentivi fiscali per l'insediamento di attività produttive, furono introdotte già in tempi remoti.

Gli interventi sono ripresi con maggiore intensità dopo la seconda guerra mondiale. L'idea di fondo di tali interventi, più o meno esplicitamente espressa, era quella di rimediare alle «diseconomie esterne» del Sud, cioè ai fattori che ne frenavano lo sviluppo secondo l'una o l'altra delle visioni descritte nel paragrafo precedente. L'aiuto allo sviluppo ha compreso diversi elementi, caratterizzati da vari gradi di successo.

La carenza di infrastrutture fu oggetto dei primi grandi interventi della Cassa per il Mezzogiorno, a partire dagli anni cinquanta, che ridussero considerevolmente il divario iniziale di dotazione e contribuirono senz'altro all'accelerazione dello sviluppo del Sud negli anni successivi.

L'idea della «causazione cumulativa» è stata, negli anni sessanta e settanta, alla base dei tentativi di creare nel Mezzogiorno «poli di sviluppo» basati su grandissime imprese (acciaierie, impianti chimici e simili), nell'illusione che in questo modo si determinassero le condizioni per un decollo locale. Alle Partecipazioni statali, in particolare, fu a lungo imposto per legge di concentrare nel Sud una quota determinata dei propri nuovi investimenti; alle grandi imprese private si offrivano «contratti di programma», corredati di incentivi monetari e interventi infrastrutturali. Questi tentativi, però, non hanno dato i frutti sperati; molti grandi impianti sono rimasti, come si usa dire, «cattedrali nel deserto», e, se si eccettua l'impatto diretto della propria attività (talvolta non trascurabile, sia chiaro), hanno dato scarso contributo allo sviluppo delle regioni di insediamento. Per di più, molti di questi impianti, prevalentemente appartenenti a settori divenuti meno competitivi negli anni settanta per effetto delle crisi energetiche e della concorrenza di paesi emergenti, divennero presto antieconomici; molti sono stati in seguito chiusi. Se esiste un problema di causazione cumulativa, dunque, non è facile risolverlo così.

Un terzo elemento importante dell'intervento nel Sud è sempre consistito nella concessione di incentivi più o meno generalizzati all'attività di investimento. Questi incentivi hanno assunto forme diverse: agevolazioni fiscali, mutui a tassi ridotti, contributi diretti. In alcuni casi gli incentivi erano automatici al ricorrere di determinate condizioni, in altri erano concessi sulla base di istruttorie compiute da istituti di credito speciale, ovvero da organismi pubblici, che ne accertavano non solo la validità intrinseca ma anche l'aderenza agli indirizzi programmatori di volta in volta adottati in sede governativa.

Ben presto si comprese che, in assenza di sufficienti economie di scala, l'attribuzione di incentivi a un solo fattore della produzione (il capitale), modificando i prezzi relativi, si sarebbe risolto a danno dell'altro (il lavoro), esacerbando il problema della disoccupazione. Perciò, a partire dalla metà degli anni settanta si adottarono provvedimenti anche per la riduzione generalizzata del costo del lavoro nel Sud, principalmente tramite la fiscalizzazione degli oneri sociali.

Lo strumentario degli interventi si è quindi arricchito nel tempo. Le risorse disponibili si sono però ultimamente ridotte, per le necessità del contenimento della spesa pubblica. In parte ha supplito a questa riduzione la crescita dei fondi europei; la normativa europea, però, ha anche posto limiti più rigorosi alla concessione degli aiuti, per evitare eccessive distorsioni del mercato.

Gli strumenti esistenti oggi sono troppo numerosi per enumerarli tutti in questa sede. Se si eccettua la riserva di investimenti delle Partecipazioni statali, tutti i tradizionali strumenti (interventi infrastrutturali, contratti di programma, incentivi agli investimenti, fiscalizzazione degli oneri sociali) sono tuttora disponibili, anche se in forme in parte mutate rispetto al passato. Un'idea recente è quella dei «patti territoriali»: un insieme di azioni concertate a livello locale fra imprese, sindacati, e amministrazioni per la realizzazione di interventi coordinati, in parte sorretti da fondi statali e comunitari. Questo strumento (e altri simili, anch'essi introdotti di recente) si basa sull'idea che le iniziative di investimento abbiano maggiore probabilità di successo se si realizzano un coordinamento dal basso delle iniziative e un coinvolgimento attivo delle amministrazioni locali.

Un problema ricorrente è quello della scarsa capacità di spesa degli enti pubblici locali e centrali. Tra inefficienza amministrativa ed eccesso di regolamentazione e controlli, i fondi disponibili restano largamente inutilizzati. In particolare, fra i paesi dell'Unione europea l'Italia è quello che riesce a utilizzare in misura minore i fondi comunitari; per questo motivo la Commissione europea ha più volte minacciato di ridistribuire parte dei fondi spettanti all'Italia ad altri paesi membri, più pronti a utilizzarli. Alla scarsa capacità progettuale e operativa degli enti pubblici si deve poi l'estrema difficoltà di realizzare opere infrastrutturali, anche quando gli stanziamenti sono disponibili.

Recentemente, è stato creato all'interno del ministero del Tesoro un dipartimento per le politiche dello sviluppo, il cui compito principale consiste nel tentare di accelerare le procedure di spesa e accrescere la qualità del processo di selezione dei progetti ammessi a fruire dei contributi nazionali e comunitari.

L'efficacia degli interventi

Sulla base della teoria e dell'esperienza, la panoplia degli aiuti allo sviluppo del Sud è stata utile? È ancora necessaria? L'assenza di progressi nell'ultimo venticinquennio, se da un lato può attenuare la fiducia nella capacità del mercato di innescare spontaneamente un processo di riequilibrio, pone gravi interrogativi anche circa l'efficacia degli strumenti di intervento pubblico finora sperimentati.

Innumerevoli studi sulle imprese meridionali, specialmente nel settore manifatturiero, documentano la persistenza di un divario di produttività dei fattori rispetto alle imprese del Centro-Nord: «nonostante tutti gli incentivi e gli aiuti», talvolta si aggiunge. In effetti, può essere vero il contrario: l'esistenza di un divario di produttività non solo è perfettamente compatibile con la presenza di sovvenzioni che riducono il costo dei fattori, ma ne può essere una conseguenza necessaria. Se la fiscalizzazione degli oneri sociali o l'incentivo all'investimento riducono il costo, rispettivamente, del lavoro o del capitale, l'impresa impiegherà, al margine, lavoro e capitale meno produttivi (tanto più in presenza di diseconomie esterne). La ragione degli incentivi è proprio quella di indurre le imprese ad azioni (un investimento, poniamo) che altrimenti non sarebbero convenienti. L'obiettivo non può dunque essere – almeno come effetto immediato – quello di elevare la *produttività*, bensì quello di aumentare la *quantità impiegata* dei fattori.

Il problema è che anche questo obiettivo è stato completamente fallito, almeno per quanto riguarda il fattore lavoro: la massa dei disoccupati meridionali ne è chiara testimonianza. Per di più, a meno che non si creda nella possibilità di innescare in questo modo processi di «causazione cumulativa» (e l'esperienza compiuta finora non è favorevole), anche se si fosse ottenuto un effetto di quantità, non per questo si sarebbe così sottratto il Sud a un destino di arretratezza relativa, di dipendenza dall'assistenza. La gravità di questo problema di dipendenza è illustrata proprio dal riaprirsi del divario negli anni più recenti, in coincidenza con l'inaridirsi delle sovvenzioni pubbliche. Tra sovvenzioni ai fattori e scarsa produttività può nascere un circolo vizioso; nel meccanismo degli incentivi non c'è niente che intrinsecamente tenda a romperlo.

Al contrario: l'effetto degli incentivi sulla capacità di iniziativa e di sviluppo autocentrato di un'area può essere, a lungo andare, deleterio. Si dice a volte che nel Sud manca la capacità imprenditoriale. Questa affermazione può essere fuorviante. Come qualità innate, intelligenza e intraprendenza sono diffuse allo stesso modo, per quello che se ne sa, in tutte le razze e sotto tutti i climi. Il problema è la direzione in cui gli individui dotati di queste capacità sono indotti dalle circostanze a impiegarle. Sotto questo aspetto gli incentivi hanno un effetto perverso. Se il lettore vive in un'area dove il successo economico è legato alla disponibilità al rischio, all'idea imprenditoriale, alla capacità di introdurre un nuovo prodotto o di scoprire un nuovo mercato, vedrà i più intraprendenti tra i propri conoscenti impegnati in attività di questo tipo. Ma se vive in un'area dove il successo dipende in larga misura dalla capacità di attingere a fondi pubblici, a ciò vedrà i più accorti dedicare le proprie energie. Il sistema degli incentivi induce le imprese a prendere le iniziative che hanno maggiori probabilità di essere destinatarie di fondi pubblici, piuttosto che verso quelle che hanno maggiori probabilità di incontrare il favore del mercato.

Fin qui siamo rimasti nel campo del lecito. Non c'è bisogno di ricordare che la disponibilità di fondi pubblici può costituire anche un fattore propulsivo di comportamenti impropri o illeciti: clientelismo, corruzione, criminalità organizzata. L'esatto contrario, in poche parole, di quelle condizioni esterne (fiducia, sicurezza pubblica, tutela imparziale dei contratti) che, come abbiamo prima detto, costituiscono una precondizione essenziale dello sviluppo economico capitalistico; oltre che, naturalmente, un requisito della convivenza civile.

La conclusione di quanto precede non è che l'intervento pubblico dovrebbe ignorare l'esistenza di «diseconomie esterne». Su tali diseconomie si può intervenire in due modi: eliminandole (per esempio assicurando l'applicazione della legge, costruendo strade, migliorando l'istruzione, rendendo più efficienti le amministrazioni) o compensandole (con sovvenzioni alle imprese). In linea di principio, il primo è un modo efficace, e anzi una condizione necessaria, per promuovere lo sviluppo; va perseguito con decisione. Del secondo andrebbe invece chiaramente distinta la componente di incentivazione da quella assistenziale, e se ne dovrebbero meglio apprezzare i potenziali effetti perversi.

Senza sposare visioni semplicistiche e acritiche, va riconosciuta invece la potenzialità insita nei meccanismi di mercato. L'esperienza internazionale discussa nel capitolo 1 suggerisce che essi siano il principale fattore di sviluppo nel lungo periodo: tra i paesi arretrati, quelli che hanno seguito logiche esclusivamente protezionistiche sono per lo più rimasti indietro. Le sovvenzioni, se consentono di difendere indefinitamente produzioni altrimenti non competitive, hanno effetti simili. Alla lunga, questo raramente giova allo sviluppo.

La strada da preferirsi è dunque quella di dare maggiore spazio ai meccanismi di mercato. Una maggiore flessibilità è essenziale. In particolare, l'idea di un salario unico su tutto il territorio nazionale, anche se comprensibile dal punto di vista dell'equità se le differenze di produttività discendono solo in parte da differenze nelle capacità personali dei lavoratori, è insostenibile dal punto di vista dell'efficiente allocazione delle risorse. Non si tratta, come si sostiene a volte, di tornare alle «gabbie salariali» di un tempo, sostituendo alla rigidità centrale una rigidità a livello di circoscrizioni territoriali: questa soluzione sarebbe, oltre che ingiusta, inefficiente. Si tratta, al contrario, di togliere spazio all'applicazione rigida dei contratti collettivi nazionali, e darne di più alla contrattazione locale e aziendale, alla considerazione di circostanze speciali, all'introduzione di legami tra remunerazione e produttività, nel quadro di accettabili standard minimi di protezione. In questa direzione ci si è già mossi (anche, nel Sud, in relazione a specifici progetti di investimento), ma in misura del tutto insufficiente. Si dovrebbe essere preparati ad accettare divari salariali inizialmente anche ampi.

In realtà nel Mezzogiorno questa disponibilità c'è, anche troppo. I rapporti di lavoro irregolari, frequenti in tutta Italia, sono particolarmente diffusi nel Sud. Essi realizzano una flessibilità di fatto, grazie alla quale aziende e produzioni marginali possono sopravvivere pagando salari e altri costi più bassi. Non vi è però alcuna tutela per i lavoratori, e gli abusi sono frequenti; il funzionamento della concorrenza ne viene distorto; la presenza di una «rendita da illegalità» riduce, in definitiva, l'efficienza dell'economia. Sebbene il lavoro nero possa essere, nel breve termine, una valvola di sfogo rispetto all'eccessiva rigidità della tutela del lavoro regolare, l'abitudine all'illegalità ha nel lungo termine un effetto di freno allo sviluppo.

L'eliminazione di vincoli e barriere legali eccessive è dunque solo una delle condizioni necessarie per una politica di sviluppo efficace. L'altra è rappresentata dall'instaurazione di un'abitudine alla legalità e a interazioni sociali più positive, di un ambiente più favorevole allo sviluppo. Il ruolo dello Stato qui è essenziale, ancorché niente affatto facile: dalla repressione della criminalità organizzata alla prevenzione dei comportamenti illeciti anche più minuti e quotidiani. L'effetto di questi ultimi sulle condizioni esterne dello sviluppo (fiducia, certezza del diritto, efficacia dei contratti) viene troppo spesso trascurato.

Ampi investimenti in infrastrutture e istruzione, abbattimento di barriere legali al funzionamento del mercato, soprattutto con riferimento al mercato del lavoro, nessuna indulgenza per i comportamenti illeciti: insieme a un ricupero di efficienza delle amministrazioni e, con la migliorata situazione economica, a una buona risposta del sistema creditizio, questi sono, a nostro avviso, gli ingredienti essenziali di una politica per il Sud. Le sovvenzioni hanno un ruolo per lo più assistenziale e andrebbero limitate a casi estremi.

8. Eccesso di debito, carenza di Stato

La questione dello Stato è duplice. Il primo aspetto consiste nel peso del debito pubblico e nella necessità del risanamento delle pubbliche finanze. Forniremo a questo proposito alcune considerazioni sul modo in cui il debito si è formato; sui provvedimenti finora adottati per arginarlo e, in prospettiva, ridurlo; sulla necessità di dar seguito a questi provvedimenti e consolidarli; e infine sull'inesistenza di scorciatoie, di vie indolori al risanamento. Il secondo aspetto della questione dello Stato è rappresentato dall'efficienza dei servizi pubblici e in generale dall'efficacia dell'intervento dello Stato nell'economia.

Questi due aspetti sono interrelati; spesso a una bassa efficienza dei servizi pubblici si accompagna una scarsa attenzione ai vincoli di bilancio, alla misura e alle forme attraverso le quali lo Stato si approvvigiona delle risorse finanziarie necessarie per i propri interventi. In queste pagine, tuttavia, cercheremo di considerarli separatamente, nell'intento di identificare taluni fatti e alcuni problemi di particolare rilievo. Non possiamo non ricordare, però, come molto spesso l'aver trascurato di verificare la qualità dell'impiego delle risorse disponibili ne ha reso necessaria la ricerca di nuove. Il risultato è stato non solo quello di sottrarle a volte a interventi di maggiore utilità «sociale», ma di alimentare spesso la spirale perversa che, nella successione dei disavanzi, ha condotto a un debito pubblico che per le sue opprimenti dimensioni ha finito per condizionare, e ancora condiziona, lo sviluppo della nostra economia.

Dal dopoguerra molti paesi hanno seguito politiche di bilancio per le quali al continuo progredire delle spese pubbliche corrispondeva, anziché un sufficiente incremento delle entrate, un aumento del ricorso pubblico all'indebitamento. Per lo più questo consiste nell'accensione di obbligazioni, sull'interno e sull'estero, attraverso l'emissione di titoli di debito pubblico (il cosiddetto *deficit spending*, che nell'analisi originale del grande economista inglese John Maynard Keynes trova la sua giustificazione teorica, certo non tale da giustificare alcuna forma di lassismo finanziario). Ciò ha portato gradualmente ad accumulare *stock* di debito pubblico di dimensioni, in non pochi casi, molto ampie, con il risultato di metterne in discussione la sostenibilità, la capacità, cioè, dei singoli Stati di «ripagarli», di trovare nel tempo le risorse necessarie per restituire intatti (in termini reali) ai possessori di questi titoli i capitali originariamente ricevuti in prestito e pagare gli interessi promessi.

Proprio dall'esigenza di scongiurare per il futuro il rischio di effetti dirompenti connessi con difficoltà nel ripagamento di debiti pubblici eccessivi, da più parti si è riaffermata la necessità di tornare a bilanci pubblici sostanzialmente in pareggio. Questo vuol dire accettare disavanzi limitati per brevi periodi, in presenza di condizioni congiunturali particolarmente avverse, e garantire, in media, la corrispondenza tra le entrate pubbliche (imposte, tariffe, contributi) e le uscite (acquisti di beni e servizi, retribuzioni dei dipendenti pubblici, trasferimenti a famiglie e imprese). Si può discutere, e si discute, se tra queste ultime (da finanziare, cioè, senza ricorrere al debito) debbano anche essere comprese le spese in conto capitale, in particolare gli investimenti in opere pubbliche volti a eliminare distorsioni e carenze di varia natura nelle infrastrutture.

È con questo spirito che nel Trattato di Maastricht sono stati introdotti – tra i criteri da soddisfare per poter avere, con la piena partecipazione all'Unione economica e monetaria, una stessa moneta – limiti per i disavanzi pubblici e i livelli di debito. Al di là della precisione numerica di questi limiti e dell'individuazione, sempre necessariamente convenzionale, degli aggregati statistici più idonei a rappresentare debiti e disavanzi, va osservato che quando sono state avanzate obiezioni, esse non sono state tanto indirizzate a contestare come troppo bassi i limiti in questione (il 3 per cento del Pɪʟ per il disavanzo, inclusa la componente in conto capitale, il 60 per il debito), quanto la possibile assenza di flessibilità nell'assicurarne il rispetto.

Il mantenimento di conti pubblici equilibrati, e in particolare un andamento non «esplosivo» del debito pubblico, costituisce condizione essenziale per uno sviluppo economico, continuo e non inflazionistico, indipendentemente dalla partecipazione a un'unione monetaria. A volte si sostiene che un elevato debito dello Stato non deve, tutto considerato, eccessivamente preoccupare, poiché in fondo, in una democrazia, lo Stato che si indebita con i suoi cittadini si indebita con se stesso; la fallacia del ragionamento è immediatamente evidente.

In primo luogo, il debito consente di spostare risorse dal tempo futuro al presente: quanto più esso è elevato, tanto più alto è l'onere per le generazioni future, che di quello Stato faranno parte. In secondo luogo, soprattutto in un'economia aperta con libertà di movimento dei capitali, timori di qualsiasi natura riguardo al ripagamento del debito (ovviamente tanto più alti quanto maggiori sono la sua dimensione e il suo incremento tendenziale) si riflettono sui tassi d'interesse ai quali esso può essere emesso, rendendone l'onere più elevato. Le conseguenze, come si rileva dalla stessa storia recente discussa nel capitolo 6, possono essere molto gravi sul piano macroeconomico (con riferimento tanto all'inflazione quanto al livello di reddito), come su quello della distribuzione dell'onere tra diverse categorie di contribuenti.

Esaminiamo ora i fatti principali dei conti pubblici del nostro paese. Se le tendenze di fondo sottostanti l'espansione della spesa pubblica trovano origine ben prima degli anni considerati in questo volume, è un fatto che, da meno di un terzo del Pɪʟ nel 1970, le spese delle amministrazioni pubbliche superavano il 40 per cento nel 1975, toccavano il 50 nel 1984 e il 58 nel 1993, riducendosi gradualmente negli anni successivi, fino al 51,5 per cento del 1997. Anche se si escludono gli oneri per il servizio del debito (la spesa per interessi), l'aumento complessivo è circa 10 punti percentuali del prodotto; in termini reali, la spesa pubblica complessiva è oggi circa tre volte quella del 1970.

Negli ultimi anni settanta e nei primi anni dello scorso decennio il settore pubblico partecipò con un considerevole impiego di risorse al processo di risanamento dell'industria italiana. Questo intervento prese forme diverse: la riduzione («fiscalizzazione») degli oneri sociali; gli aiuti diretti alle imprese per la ristrutturazione e la razionalizzazione dei processi produttivi; il sostegno dei costi connessi con il risparmio di lavoro nell'industria, sia in via temporanea attraverso la Cassa integrazione ordinaria e straordinaria, sia in via definitiva attraverso una generosa concessione di pensionamenti anticipati.

Nello stesso periodo, e fino alla fine degli anni ottanta, l'espansione della spesa pubblica fu in parte compensata da un eccezionale incremento delle imposte dirette, che salirono dal 5 per cento del Pɪʟ nel 1974 al 14 nel 1989. Questo fu soprattutto, in quegli anni, il risultato del drenaggio fiscale (*fiscal drag*) determinato dall'inflazione (l'innalzamento, cioè, dell'aliquota media dell'imposta personale sui redditi dovuto, in un sistema di tassazione progressiva dei redditi monetari, al semplice loro aumento, in termini nominali, connesso con l'inflazione).

Solo dal 1989, con l'indicizzazione delle aliquote marginali, questo meccanismo di aumento delle entrate cessò di operare.

Un'altra «tassa da inflazione» continuò però a produrre i suoi effetti (tanto maggiori quanto più elevato è l'aumento dei prezzi e più alto è il livello del debito): la perdita di valore reale dei titoli pubblici conseguente all'inflazione. Tenendo conto anche di quest'ultima, fino ai primi anni ottanta il disavanzo pubblico aveva oscillato, in effetti, intorno a valori tutto sommato modesti: il risparmio pubblico (l'eccedenza, cioè, delle entrate sulle uscite correnti) aveva infatti in buona parte compensato le uscite in conto capitale (essenzialmente per gli investimenti in opere pubbliche).

Dopo essere aumentato del 50 per cento tra il 1970 e il 1975, il debito pubblico non presentò quindi nello scorcio degli anni settanta variazioni di rilievo: ancora nel 1981 esso era pari al 60 per cento del prodotto. Negli anni ottanta, però, la crescita è stata continua e molto rilevante; essa ha soprattutto riflesso il progressivo deterioramento del saldo corrente di bilancio (anche tenuto conto dell'inflazione, il risparmio pubblico è risultato permanentemente negativo dalla metà del decennio). Nello stesso tempo la spesa per investimenti pubblici è stata molto elevata, in parte non trascurabile per effetto di ingiustificati aumenti di prezzo, oltre che di veri e propri sprechi. Ciò ha contribuito al progressivo innalzamento dell'indebitamento netto delle amministrazioni pubbliche italiane: dall'8,3 per cento del PIL nel 1980 fino al 12,3 nel 1985. Pur riducendosi in seguito, fino al 1993 il disavanzo ha continuato a oscillare intorno al 10 per cento del prodotto, un livello molto superiore a quello della media degli altri paesi che oggi fanno parte dell'Unione europea.

Negli ultimi anni, con lo sforzo di realizzare le condizioni per la partecipazione all'UEM, l'indebitamento netto è stato fortemente ridotto: nel 1997 esso era pari al 2,7 per cento del PIL, con un divario di meno di mezzo punto rispetto alla media dei paesi dell'Unione. Il progresso è ancor più chiaramente visibile se si considera il disavanzo primario (il disavanzo, cioè, al netto della spesa per interessi). Sempre in rapporto al prodotto e nel confronto con gli altri paesi dell'Unione europea, esso era più elevato nel 1980 di oltre tre punti, e di quasi sei nel 1985. Nel biennio 1996-97 l'Italia ha mostrato un avanzo primario medio del 5,5 per cento del P<small>IL</small>, contro circa l'uno per cento negli altri paesi.

Mantenendosi così elevato il disavanzo complessivo, il rapporto tra debito pubblico e prodotto è salito senza soluzione di continuità, oltrepassando alla fine del 1990 il 100 per cento del P<small>IL</small>, e portandosi sul 125 per cento nel 1994. Solo negli ultimi anni la realizzazione di cospicui avanzi primari ha permesso di avviare una lenta riduzione del rapporto fra debito e P<small>IL</small>, che alla fine del 1998 è tornato appena al di sotto del 120 per cento.

Molteplici sono ovviamente le cause di un così grave squilibrio nei conti pubblici italiani. È certamente mancata un'azione volta a garantire, con decisione e consapevolezza, il rispetto del vincolo di bilancio. All'espansione della spesa, sollecitata nelle sue componenti strutturali da esigenze diffuse e crescenti in settori quali l'istruzione e la sanità, la previdenza e l'assistenza, nonché spesso sospinta da inefficienze burocratiche e dalla difesa di interessi particolari, si è risposto (troppo tardi) con un forte incremento della pressione fiscale. Questa è salita tra il 1980 e il 1997 di dodici punti, quasi il 44 per cento in rapporto al P<small>IL</small>, contro poco meno di tre nel resto dell'Unione (dov'è pari a circa il 42 per cento del prodotto). La maggior parte dell'incremento è stata concentrata, dati gli alti livelli di evasione e le notevoli possibilità di elusione tributaria, su salari e stipendi, nonché sugli immobili.

Questo considerevole aumento delle entrate si è reso necessario per la sola *stabilizzazione* del debito. Poiché però la consistenza del debito resta molto elevata, e l'Italia è impegnata a *ridurlo* al 60 per cento del P<small>IL</small> – cioè circa alla metà del livello attuale – sarà necessario mantenere ancora a lungo ampi surplus primari, mirando a un sostanziale pareggio complessivo. Il peso del debito accumulato nel tempo rende così assai rigido il bilancio pubblico, e limita drasticamente la possibilità di usarlo a fini anticiclici.

Negli ultimi anni si è quindi affermata la consapevolezza dell'insostenibilità delle tendenze in atto nei conti pubblici. Oltre a interventi di breve periodo, si è cercato – e ancora si cerca – di intervenire sulle componenti strutturali della spesa pubblica. Tra queste particolare attenzione è stata dedicata alla spesa previdenziale. In quest'ambito spicca certamente, nel confronto internazionale, la spesa per pensioni (che è, in rapporto al Pil, tra le più alte al mondo); nello stesso tempo è piuttosto bassa la spesa sociale diversa da quella per pensioni (per l'assistenza a tutela dei rischi di disoccupazione, per la famiglia, ecc.), mentre per la spesa sanitaria non vi sono grandi differenze con il resto dell'Europa. Nel 1992 e nel 1995 sono state varate due riforme del sistema previdenziale; ulteriori aggiustamenti sono stati compiuti nel 1997. Ma la tendenza della spesa dovrà essere seguita attentamente e la necessità di nuovi interventi non può essere esclusa.

Due sono le questioni principali riguardo alla spesa pensionistica. Da un lato essa è in gran parte predeterminata, non potendosi presumibilmente intervenire, se non in misura modesta, sui benefici già in corso di fruizione, e non potendosi passare, se non con estrema gradualità e per il tramite di fondi integrativi privati, dal sistema attuale a ripartizione (con benefici finanziati solo parzialmente dai contributi correnti di coloro che sono attualmente occupati) a un sistema prevalentemente a capitalizzazione (nel quale i benefici sono sostanzialmente il frutto – per capitale e interessi – dei contributi passati). Dall'altro lato, l'aumento tendenziale della spesa risente dell'invecchiamento della popolazione connesso con l'aumento della speranza di vita – un fatto evidentemente positivo che si è già ricordato nel capitolo 2 – e della drastica riduzione del tasso di fertilità che ha avuto luogo negli ultimi decenni (e che conduce a prevedere, in prospettiva, un forte calo della popolazione italiana).

Ne discende, a parità di condizioni, un più che probabile

aumento della spesa per pensioni in rapporto al PIL. Analogo andamento dovrebbe aversi per la spesa sanitaria. Poiché è molto difficile ritenere che si possa ricorrere a un ulteriore incremento della pressione fiscale (già elevata in generale e, in particolare, sul lavoro dipendente), è chiaro che una riforma dello Stato sociale non può essere procrastinata.

Ciò che appare del tutto evidente è il grave ritardo con il quale si è intervenuti (e si sta ancora intervenendo) in una materia così delicata non solo per gli equilibri futuri dei conti pubblici ma per lo stesso sviluppo del nostro paese. La fragilità finanziaria dell'Italia dipende infatti tanto dal livello di debito accumulato quanto dalle tendenze prevalenti in assenza di decisi interventi di correzione. Di queste certamente si tiene conto nei mercati finanziari, che ben sanno come il debito pensionistico accumulato in Italia sia tra i più elevati, se – date le tendenze demografiche e macroeconomiche – la valutazione viene effettuata sulla base dei benefici promessi e delle aliquote contributive vigenti. Anche se le promesse possono essere riviste e le aliquote modificate e se, in generale, è sempre possibile intervenire sull'intero sistema previdenziale, è chiaro che vi è un limitato numero di riforme «strutturali» che si possono effettuare in un dato lasso di anni. Non è quindi un caso che il differenziale d'interesse a lungo termine con gli altri principali paesi sia stato fino a non molto tempo fa estremamente elevato.

Vi è dunque carenza di Stato redistributore, se si considera quanto elevato sia l'onere che si trasferisce sulle generazioni future, quanto bassa sia, dato il peso della componente pensionistica, la spesa sociale in senso proprio, e quanto concentrata sia la pressione tributaria sulle categorie di cittadini che non possono ricorrere all'evasione fiscale. Ma se guardiamo alle diverse articolazioni delle funzioni dell'operatore pubblico, molte appaiono le inefficienze strutturali sulle quali occorre intervenire.

Come abbiamo visto nel capitolo precedente, c'è sicuramente carenza di quello che viene comunemente definito come «Stato minimo». Nell'amministrazione della giustizia come in quella dell'ordine pubblico occorrono interventi in grado di contrastare lo scoraggiamento che in una parte non piccola del paese ancora frena l'esercizio di attività economiche lecite e redditizie, per gli individui e per la collettività; interventi che assicurino il rispetto degli accordi stipulati nel corso dello svolgimento delle transazioni economiche.

Come vedremo nel capitolo seguente, vi è inoltre carenza di Stato regolatore e riformatore, se si considera il livello ancora basso di concorrenza che prevale in non pochi settori di attività economica e se si comprendono in questa funzione gli interventi pubblici volti a risolvere i «fallimenti» (più correttamente, gli insuccessi) del mercato. Anche se, data l'entità dei ritardi da colmare, le iniziative in corso per riformare la pubblica amministrazione possono contribuire a introdurre miglioramenti di rilievo, molti sforzi andranno ancora compiuti per razionalizzare le procedure, semplificare le normative e riorganizzare le funzioni. Alla luce dei mutamenti istituzionali in atto, è inoltre evidente che si dovranno fronteggiare nuovi compiti tanto nel rapporto con gli enti locali come in quello con i gestori dei servizi di pubblica utilità. Non si potrà quindi prescindere da interventi che riguardino la formazione, e la motivazione, del personale; né si potrà evitare di tener conto dei grandi cambiamenti in corso sul fronte tecnologico e dell'informazione.

Anche se il mercato è uno strumento essenziale per distribuire in modo efficiente le risorse produttive e accrescere il benessere, vi sono infine casi di rilievo nei quali l'interesse collettivo non trova tutela e sono necessari interventi pubblici volti a promuovere la produzione di beni e servizi con «esternalità» positive (che non sarebbero altrimenti prodotti dai privati). In senso contrario, ovviamente, sono anche necessari interventi volti a disincentivare la produzione di beni e servizi con esternalità negative (si pensi all'inquinamento).

A questo proposito, sono profondi, spesso sotto gli occhi di tutti, i ritardi nell'adeguamento delle infrastrutture pubbliche, riguardino esse le strade, le ferrovie, i porti, le telecomunicazioni, l'approvvigionamento idrico e la stessa distribuzione dell'energia elettrica. In molti casi per il settore pubblico non si tratta neanche di produrre direttamente beni e servizi, ma solo di aver cura che lo facciano i privati in misura adeguata. Nel confronto con gli altri paesi europei, la dotazione infrastrutturale si è addirittura ridotta nel periodo esaminato in questo libro. Pari a circa il 95 per cento della media europea nel 1970, si stima che essa sia scesa all'89 per cento nel 1985 (poco sopra il 50 per cento nel Mezzogiorno). Se si considera l'abbassamento della spesa per investimenti pubblici che ha avuto luogo in Italia negli ultimi anni, il divario non può che essere aumentato, penalizzando ulteriormente le aree più arretrate del paese, dove maggiori sono i ritardi e maggiore è il contributo che un più alto livello di queste infrastrutture può dare per la ripresa di un soddisfacente processo di sviluppo.

Oltre a una dotazione quantitativamente e qualitativamente soddisfacente di infrastrutture «materiali», va altresì sottolineato quanto sia importante quella delle cosiddette infrastrutture «immateriali». Molti dei freni allo sviluppo provengono, nel nostro paese, da situazioni ambientali particolarmente difficili.

Dell'amministrazione della giustizia e dell'ordine pubblico abbiamo già detto, così come dell'amministrazione pubblica in generale. Anche sul capitale umano appare necessario intervenire, per colmare il divario che oggi esiste nei confronti degli altri principali paesi nell'istruzione di base come nella formazione professionale. Iniziative, anche di rilievo, sono in corso. Certamente, il sistema dell'istruzione pubblica sembra vecchio nei metodi e nei contenuti, non appare adeguato a dotare i cittadini di orizzonti più ampi e i lavoratori delle conoscenze di base richieste dalle nuove tecnologie. Di questo c'è estremo bisogno se si considerano le condizioni del mercato del lavoro e l'elevata disoccupazione, in particolare nel Mezzogiorno ma con rischi anche altrove se ai cambiamenti tecnologici non si riuscisse a rispondere per tempo. Sono necessari interventi che favoriscano, da un lato, un'efficiente allocazione delle risorse umane attraverso la formazione e la riqualificazione del lavoro, e che rimuovano, dall'altro, gli ostacoli che più ne frenano la mobilità.

9. Mercati, competitività e concorrenza

Stato e mercato sono i due elementi che definiscono il regime istituzionale di un sistema economico e concorrono a determinarne l'efficienza e la competitività. Discussi, nel capitolo precedente, i problemi dello Stato, restano da esplorare quelli, non meno importanti, che ostacolano in Italia il buon funzionamento di alcuni mercati.

Il mercato concorrenziale è il più potente strumento che si conosca per perseguire l'efficienza nell'utilizzazione delle risorse e incoraggiare l'innovazione. Il suo corretto funzionamento, e in molti casi la sua stessa esistenza, dipendono però da un insieme di regole e condizioni. L'elemento chiave che definisce un mercato concorrenziale è l'assenza di barriere che ostacolino la competizione fra i soggetti esistenti e/o impediscano a nuovi soggetti di entrarvi. Da un lato, dunque, occorrono norme che vietino intese anticoncorrenziali fra imprese esistenti, rendano difficile la costituzione di posizioni dominanti sul mercato e ne impediscano l'abuso ai danni della concorrenza e dei consumatori (norme antitrust). Dall'altro, è necessario che tutte quelle regole che inevitabilmente, nel perseguimento di interessi generali di vario tipo, interferiscono con l'attività economica, siano disegnate in modo da evitare di erigere a loro volta barriere anticoncorrenziali ingiustificate.

La tutela della concorrenza non ha radici antiche in Italia. Norme antitrust sono state introdotte solo nel 1990. In molti campi, una regolamentazione minuziosa ed eccessiva dei mercati ostacola il dispiegarsi delle forze di mercato. La situazione sta però cambiando, sia grazie all'attività dell'Autorità istituita dalla legge sulla concorrenza, sia sotto la spinta delle iniziative europee.

Come nascono i limiti alla concorrenza

Mercati perfetti non esistono; barriere alla concorrenza sorgono inevitabilmente in qualsiasi mercato, per esempio a causa degli investimenti che eventuali nuovi soggetti dovrebbero sostenere per entrarvi, della forza dei marchi già affermati, e di altri simili fenomeni. In molti casi una robusta normativa antitrust basta a imporre condizioni concorrenziali minime che, pur senza configurare la situazione ideale dei libri di testo, ne realizzano un'approssimazione accettabile. In alcuni casi, però, interventi di regolamentazione attiva dello Stato sono necessari.

Un primo caso è quello dei monopoli naturali, cioè di quelle attività la cui natura è tale da rendere difficile se non impossibile il loro esercizio da parte di più soggetti in concorrenza. Tra gli esempi usualmente citati rientrano le infrastrutture a rete, come strade, ferrovie, telecomunicazioni o elettrodotti. Se l'esistenza di un monopolio è inevitabile, l'intervento pubblico è necessario per evitare abusi da parte del monopolista e assicurare parità di trattamento a consumatori e imprese. In Italia l'intervento ha preso di solito la forma dell'assunzione diretta del servizio da parte di un'azienda pubblica. Negli ultimi anni, però, il progresso tecnico e la stessa riflessione economico-istituzionale hanno molto circoscritto l'ambito dei monopoli naturali. Nella telefonia, per fare un esempio, l'avvento di nuove tecnologie (ponti radio, cellulari, satellitari) ha reso possibile l'apertura di molti servizi alla concorrenza. Nel settore ferroviario si è provato in alcuni paesi ad aprire la rete a treni di diverse imprese, in concorrenza fra loro. Perfino nel campo dell'energia elettrica sono ormai consolidate esperienze di fornitura in regime di concorrenza.

Un secondo caso è quello in cui barriere legali all'esercizio di una certa attività sono necessarie per la tutela del consumatore. Nessuno abolirebbe, per esempio, l'abilitazione all'esercizio della professione medica o la vigilanza prudenziale sulle istituzioni che impiegano il risparmio del pubblico; forme di accertamento e controllo dei requisiti professionali appaiono in simili casi del tutto ragionevoli. Il problema è che questo tipo di barriere spesso vanno al di là della finalità originaria. Ai requisiti e ai controlli sostanziali la legge talvolta aggiunge vincoli ulteriori, quali numeri chiusi, tariffe minime o limiti quantitativi alla produzione, che svolgono pressoché esclusivamente la funzione di proteggere gli *insiders*, impedendo a danno del consumatore il funzionamento dei meccanismi di mercato.

In Italia quest'ultimo fenomeno assume proporzioni maggiori che in molti altri paesi avanzati, dando luogo, secondo la definizione dell'Autorità antitrust italiana, a un «insieme invadente di regole» nazionali e locali. Restrizioni esistono, per citare solo alcuni casi, per molti tipi di negozi e pubblici esercizi, per i taxi, i distributori di carburante, i servizi di autotrasporto, i servizi portuali, perfino per le agenzie di viaggio e per le guide turistiche; senza contare, ovviamente, le libere professioni. Altri vincoli riguardano i mercati del lavoro, del capitale, del controllo delle imprese, con un effetto negativo sulla competitività e sullo sviluppo del sistema economico la cui entità non è sempre sufficientemente apprezzata dall'opinione pubblica.

Abbiamo già sostenuto, per esempio, che nel campo degli squilibri regionali l'attribuzione di un maggiore spazio all'operare delle forze di mercato sarebbe auspicabile. Più in generale, le norme concernenti il mercato del lavoro manifestano in Italia una sfiducia eccessiva circa l'efficacia dei meccanismi concorrenziali, e un'eccessiva fiducia nella tutela formale del lavoro offerta dalla legge. Ne è testimonianza, per fare un solo esempio, il timore esagerato del legislatore nei confronti dello spazio da riservare all'iniziativa privata nel collocamento della manodopera, pur di fronte all'evidente fallimento del sistema del collocamento pubblico. Ma sul funzionamento del mercato del lavoro andrebbe scritto un libro a parte; non possiamo approfondire qui questo punto.

Un altro, vasto campo in cui la concorrenza non ha spazio sufficiente è quello dei servizi, a cui si riferiscono molte delle barriere legali elencate sopra. In Italia il terziario è arretrato per molti aspetti: scarso sviluppo dei servizi per le imprese; ipertrofia del comparto commerciale; modesta crescita della produttività. L'esistenza di barriere all'entrata, soprattutto nel settore commerciale e in quello dei servizi di pubblica utilità, ha tenuto finora artificialmente alti i margini delle imprese esistenti e ne ha depresso l'efficienza, ostacolando l'innovazione e la razionalizzazione della struttura produttiva. La rigidità dei margini commerciali, in particolare, ha frenato, soprattutto nella seconda metà degli anni ottanta, il rientro dall'inflazione. Tali margini si sono ridotti negli anni successivi grazie al graduale sviluppo della grande distribuzione, consentito da qualche allentamento della regolamentazione; ma alcune recenti modifiche normative vanno di nuovo in senso restrittivo. Dato che il settore terziario costituisce una fetta ampia e crescente dell'attività produttiva, la sua arretratezza pesa sull'economia, riducendo il benessere dei consumatori, ostacolando l'efficienza delle imprese, limitando le occasioni di sviluppo.

Due spinte riformatrici

Negli ultimi dieci anni, grazie a due spinte riformatrici, la tutela della concorrenza in Italia si è rafforzata, e si è cominciato a disboscare la selva delle regolamentazioni anticoncorrenziali. Una di queste spinte è di origine europea, l'altra di origine nazionale.

La prima deriva dalla realizzazione del Mercato unico europeo, basato sulle cosiddette «quattro libertà» di movimento: delle merci, dei servizi, delle persone, dei capitali. Quest'ultima ha comportato in Italia l'innovazione più radicale. Dopo decenni di chiusura, rafforzata in certi periodi da sanzioni penali, l'Italia, per effetto dei trattati europei, nel 1989 ha abolito quasi tutti i vincoli alla circolazione dei capitali con l'estero. La realizzazione del mercato unico dei beni e dei servizi ha inoltre richiesto alle autorità europee una minuziosa opera di omogeneizzazione degli standard tecnici e di altre forme di regolamentazione, che ha consentito di aprire molti mercati a un'effettiva concorrenza internazionale.

L'Unione europea proibisce anche, o sottopone a condizioni, la concessione di aiuti di Stato distorsivi della concorrenza; l'Italia, in particolare, ha visto ridursi i propri margini di manovra circa la copertura delle perdite delle imprese pubbliche e le sovvenzioni a quelle private. Inoltre, concorsi e appalti pubblici sono ora aperti a tutti i cittadini o imprese dell'Unione; la protezione delle imprese nazionali tramite regole preferenziali nell'attribuzione di contratti pubblici è vietata.

La normativa comunitaria ha infine imposto l'apertura di alcuni importanti mercati nazionali alla concorrenza. I casi di maggior rilievo sono quelli delle telecomunicazioni, dove l'ultima area di monopolio legale, la telefonia vocale, è stata aperta alla concorrenza dal 1998; del trasporto aereo, finora caratterizzato da un'ampia protezione delle «compagnie di bandiera»; dell'energia elettrica, dove è ora prevista l'introduzione della concorrenza in alcune delle fasi della produzione. Questo imporrà, in Italia, la fine del monopolio dell'Enel e una profonda trasformazione del settore. La parziale liberalizzazione dei servizi di telecomunicazione ha già dato luogo a un rapido sviluppo dell'offerta di servizi innovativi e a una vivace concorrenza di prezzo sui segmenti completamente liberalizzati. Le prime aperture nel trasporto aereo stanno anch'esse causando un abbassamento dei prezzi su alcune tratte e un incremento nell'offerta.

A livello nazionale, una profonda riforma è stata avviata nel 1990, quando si è adottata – sulla falsariga delle norme antitrust europee – una legge che vieta le principali pratiche anticoncorrenziali. La legge ha affidato l'applicazione delle proprie disposizioni a un'apposita Autorità garante, che si è rivelata assai attiva. Molti interventi sono stati compiuti dall'Autorità nel settore dei servizi, dove è frequentemente risultata l'esistenza, oltre che di restrizioni legali, anche di accordi volontari tendenti a fissare prezzi minimi, spartirsi i mercati o introdurre altri vincoli; intese del genere sono state vietate, per esempio, nel campo delle autoscuole, dei servizi di vigilanza, dell'autotrasporto. Alle società autostradali è stato imposto di consentire il pagamento dei pedaggi con carte diverse da quelle della società concessionaria, e di aprire alla concorrenza i servizi di ristorazione e di soccorso stradale. Nel campo del trasporto aereo, si sono vietate certe restrizioni sui permessi di decollo e atterraggio, consentendo l'effettivo ingresso di nuovi concorrenti sulle rotte più importanti. Quanto alle telecomunicazioni, si è cercato di assicurare una parità di condizioni di partenza nel mercato dei telefoni cellulari GSM, evitando che la sua effettiva apertura alla concorrenza fosse vanificata dalla precostituzione di una posizione dominante da parte dell'ex monopolista. Altri interventi importanti hanno riguardato i settori dei porti e degli aeroporti.

Ma i principali ostacoli alla concorrenza in Italia risiedono oggi nella pletora di norme restrittive, ancor più che nei comportamenti delle imprese. L'autorità per la concorrenza, quindi, ha ampiamente sfruttato anche i propri poteri consultivi per stimolare il parlamento, il governo e l'opinione pubblica ad assumere un orientamento favorevole alla rimozione di vincoli ingiustificati.

Banche e finanza

Una graduale estensione dello spazio riservato alla concorrenza si è avuta anche nei mercati creditizi e finanziari. La trasformazione del sistema bancario è stata particolarmente notevole. Vent'anni fa esso era ingessato da una congerie di norme, che impedivano di fatto l'apertura di nuove banche e perfino di nuovi sportelli delle banche esistenti, proibivano alla maggior parte delle banche di operare al di fuori di un determinato territorio e/o campo di attività, e sottoponevano gran parte delle operazioni bancarie a una fitta rete di controlli amministrativi. Dalla fine degli anni settanta, prima con un allentamento delle norme restrittive sull'entrata, poi con un progressivo abbattimento delle barriere che segmentavano i mercati, la concorrenza bancaria si è accresciuta. Da ultimo, con la nuova legge bancaria del 1993, pressoché tutte le barriere sono cadute. Poiché le leggi sul commercio sono cambiate molto più lentamente, oggi in Italia è più facile, dal punto di vista amministrativo, aprire una filiale di banca che la filiale di un supermercato.

Gli effetti di questo complesso di innovazioni sul mercato del credito sono stati intensi. Il numero degli sportelli bancari, un tempo proporzionalmente assai inferiore a quello di altri paesi, è ora in linea con la media europea. I margini dell'attività creditizia si sono ridotti, comprimendo quindi – a beneficio del sistema economico – il costo dell'intermediazione. La concorrenza delle banche estere, imposta dall'apertura dei mercati, ha rafforzato ancora la pressione competitiva sulle banche, rendendo indilazionabili incrementi di efficienza.

All'ampia liberalizzazione del credito si è accompagnata la maturazione dei mercati finanziari, avviata fin dagli anni settanta con l'introduzione delle prime norme di tutela del mercato borsistico. Grazie da un lato all'elevato risparmio delle famiglie e all'ampia circolazione dei titoli del debito pubblico, dall'altro all'apertura internazionale ormai pressoché completa, i mercati finanziari italiani, in alcuni segmenti, sono tra i più «spessi» e competitivi del mondo.

C'è però un'importante eccezione: il mercato della proprietà e del controllo delle imprese. La Borsa valori, per esempio, ha dimensioni assai più modeste di quelle di paesi comparabili. Per convincere il lettore dell'importanza di questo punto, e interessarlo a questioni relativamente esoteriche come le norme sull'OPA, la *golden share* e i limiti al possesso azionario, dobbiamo fare un passo indietro, tornando ad alcune caratteristiche strutturali del sistema economico italiano.

Il mercato del controllo delle imprese e le privatizzazioni

Nel capitolo 3 abbiamo accennato di sfuggita alla larga prevalenza del controllo familiare nelle imprese italiane. Questa caratteristica, legata ovviamente alla prevalenza di imprese di piccole dimensioni, differenzia l'Italia dai paesi anglosassoni, dove ha un maggior ruolo la grande impresa ad azionariato diffuso, nella quale nessun singolo proprietario esercita un'influenza dominante e il controllo sui manager è affidato al mercato borsistico; la differenzia d'altra parte anche dai paesi mitteleuropei, Germania in testa, dove il mercato finanziario è poco sviluppato e l'attività di supervisione sulla gestione delle imprese è affidata soprattutto alle banche, che non di rado partecipano direttamente al capitale delle imprese stesse.

Nel caso delle piccole imprese italiane, l'identificazione dell'imprenditore-manager con il capitalista-proprietario, tipica della struttura di controllo familiare, è di solito un potente strumento di efficienza; essa può essere addirittura considerata un elemento del successo di questo tipo di struttura produttiva.

Nel caso delle grandi imprese il discorso è più complesso. Poiché anche le grandi imprese (per la maggior parte) una volta erano piccole, una struttura di controllo familiare, eredità dell'assetto iniziale, sopravvive talvolta a lungo. Via via che l'impresa cresce, tuttavia, l'elemento familiare si diluisce: vuoi per la necessità di aumenti di capitale in eccedenza rispetto alle risorse familiari; vuoi per la moltiplicazione dei discendenti; vuoi perché la capacità imprenditoriale «rade volte risurge per li rami», e quindi la successione all'interno della famiglia talvolta è problematica.

Nel mondo anglosassone l'impresa che cresce a un certo

punto «*goes public*»: si quota in borsa e si trasforma in una società ad azionariato diffuso. (Il fondatore diventa solitamente «ricco» a questo punto; a volte si ritira, altre resta nell'azienda in posizione manageriale.) Nel sistema italiano, la quotazione raramente rappresenta l'occasione in cui la famiglia fondatrice perde il controllo dell'impresa; essa è di solito un modo per associare capitale anonimo a quello familiare, mantenendo il controllo saldamente nelle vecchie mani. A volte alla famiglia si affiancano, in posizione di soci di rilievo, imprenditori e istituzioni finanziarie «alleate». La stabilità del controllo è spesso garantita da accordi restrittivi di vario tipo (patti di sindacato o simili), in base ai quali i vari soggetti controllanti si impegnano a prendere insieme le decisioni fondamentali e a non vendere le rispettive partecipazioni nell'impresa senza un consenso reciproco. In questo contesto, le modifiche del controllo tendono ad avvenire più per trattativa privata che sul mercato.

Fino a un certo punto la garanzia della stabilità può avere effetti positivi sulla conduzione dell'impresa. A lungo andare, però, un'eccessiva protezione degli assetti di controllo esistenti realizza un sistema chiuso, in cui la proprietà delle imprese circola in ambienti ristretti, ostacolando il ricambio fisiologico. Anche nel mercato della proprietà l'esistenza di barriere deprime l'efficienza. Nel sistema anglosassone, ad esempio, fondamentale è il ruolo della possibilità di un *take-over* ostile; della possibilità, cioè, che un investitore esterno offra di acquistare dagli azionisti, sul mercato, il controllo di una società che ritiene mal gestita, anche contro la volontà dell'attuale management. I vincoli tipici del mercato azionario italiano (presenza di soci di controllo, patti di sindacato) spesso impediscono questo tipo di azioni.

Le norme che regolano il funzionamento del mercato azionario hanno una grande influenza nel facilitare, ovvero ostacolare, la costruzione di assetti di controllo «blindati». È per questo che contano alcuni degli strumenti tecnici sopra elencati. L'Opa (offerta pubblica di acquisto), per esempio, è lo strumento con cui si realizzano passaggi di controllo in Borsa, assicurando trasparenza delle transazioni e parità di condizioni a tutti gli azionisti; le norme che la rendono in alcuni casi obbligatoria attribuiscono al mercato un ruolo maggiore nella modifica degli assetti di controllo. La cosiddetta *golden share* consiste nel potere che lo Stato si riserva di intervenire nella vita delle imprese privatizzate, per esempio per esprimere il proprio gradimento nei confronti di nuovi proprietari; quale che sia il merito di questo strumento per altri aspetti, resta il fatto che esso, limitando la circolazione delle azioni, riduce il valore delle imprese e ostacola l'operare della concorrenza. Le norme che, in alcune società recentemente privatizzate, stabiliscono un limite massimo alla quota che può essere posseduta da un singolo azionista, benché introdotte con il dichiarato fine di favorire la diffusione dell'azionariato, hanno in realtà, in un certo senso, l'effetto opposto: rendono infatti più facile «blindare» un assetto di controllo basato su un accordo tra pochi azionisti rilevanti, ostacolando l'ingresso di investitori esterni.

Questi pochi esempi sono sufficienti per illustrare la questione: come nel mercato dei prodotti e in quello del lavoro, anche nel mercato della proprietà e del controllo delle imprese esistono barriere normative e di fatto, non sempre giustificate, che difendono gli assetti esistenti e ostacolano l'innovazione e la crescita.

Ma una questione non meno importante, in questo contesto, è quella delle privatizzazioni. Un'altra delle peculiarità strutturali dell'Italia era (e tuttora in parte è) l'estensione della presenza diretta dello Stato nell'economia. Da alcuni anni è stato avviato un vasto programma di dismissioni. Esso non dovrebbe avere come obiettivo principale quello di conseguire introiti finanziari per lo Stato: anche se si realizzassero i piani più ambiziosi, l'incidenza dei relativi proventi sulla massa del debito pubblico sarebbe, tutto sommato, modesta. Il fine più importante è piuttosto quello di rafforzare i meccanismi della concorrenza e del mercato nel sistema economico, eliminando le distorsioni e le inefficienze che sono tipiche di un eccesso del controllo pubblico, specialmente quando questo si sposa all'esercizio di un monopolio. Il processo di privatizzazione sarà una grande occasione perduta se non la si sfrutterà per introdurre elementi di un modello più aperto di proprietà nel sistema delle grandi imprese italiane, e per spezzare i monopoli oggi esistenti in alcune imprese di utilità pubblica.

Competere in Europa, con l'Europa

Acquisita in larga misura, come si diceva nell'Introduzione, la cultura della stabilità e delle compatibilità (cioè la consapevolezza che a livello macroeconomico non è possibile conciliare pretese tra loro incoerenti se non scaricandone i costi sull'indebitamento pubblico o innescando una rincorsa di prezzi, salari e tasso di cambio), nell'opinione pubblica e tra gli operatori economici stenta invece ancora a radicarsi la cultura della concorrenza. In Italia si continua ad avere una fiducia eccessiva nella capacità di conseguire direttamente, con la regolamentazione e con l'intervento pubblico, fini di utilità sociale quali equità, competitività, tutela del consumatore; si sottovalutano invece le potenzialità che possiedono, a questo scopo, i meccanismi del mercato e dell'iniziativa privata, e i costi che l'economia sopporta, in termini di minore efficienza e minore sviluppo, quando il loro funzionamento è impedito.

È strano quanto poco si rifletta sul fatto che la parte più vitale e competitiva del sistema economico italiano è quella meno protetta da barriere anticoncorrenziali. L'osservazione della realtà si sposa qui perfettamente con la teoria economica. Le imprese, piccole o grandi, più esposte alla concorrenza internazionale hanno mostrato, nel corso del tempo, una notevole capacità competitiva. La protezione delle industrie ritenute strategiche ha dato invece luogo a una lunga serie di insuccessi: si pensi ai casi della chimica e della siderurgia tra gli anni settanta e gli anni ottanta, o a quello del trasporto aereo. Il sostegno offerto ai «campioni nazionali», pubblici o in alcuni casi anche privati, ha assorbito ingenti risorse collettive, senza tuttavia consentire di per sé alle imprese interessate di raggiungere standard accettabili di competitività internazionale. L'introduzione di elementi concorrenziali, invece, ha agito come stimolo per l'innovazione e la riduzione dei costi, per esempio, nel settore delle telecomunicazioni, prima ancora che la principale impresa del settore uscisse dal controllo pubblico.

Simili considerazioni possono essere fatte per il settore terziario, la cui arretratezza è legata all'intrico di vincoli e barriere che ne ostacola la razionalizzazione e lo sviluppo.

L'eccesso di regolamentazione, diffuso in Italia, non è sconosciuto al resto dell'Europa continentale. L'evoluzione istituzionale, l'esempio di altri paesi avanzati e la concorrenza internazionale stanno tuttavia ampliando, in tutti i paesi europei, lo spazio riconosciuto ai meccanismi concorrenziali nel funzionamento dei mercati dei prodotti, del lavoro e del capitale. Il benessere collettivo e lo sviluppo economico non potranno che giovarsene, anche nelle regioni meno avanzate. «Un campo sterminato rimane da coltivare alle iniziative individuali in Italia; un campo vergine e da secoli non tocco», scrisse Luigi Einaudi nel 1906, commentando potenzialità e limiti del primo provvedimento generale del Regno d'Italia in favore del Mezzogiorno. A quasi un secolo di distanza, questa idea conserva gran parte della propria validità.

Per saperne di più

Un esame dettagliato di grandezze e andamenti dell'economia italiana è contenuto nelle *Relazioni annuali* della Banca d'Italia (che comprendono anche, nelle *Considerazioni finali* del Governatore, una valutazione critica di eventi e politiche economiche, e, nelle appendici, le principali serie statistiche, i provvedimenti economici dell'anno e un ampio glossario di termini economici); per gli aspetti più propriamente congiunturali, si veda anche il «Bollettino economico» semestrale del Servizio Studi. Un'interpretazione approfondita dei «numeri» dell'economia è contenuta nei *Rapporti annuali* curati dal 1993 dall'Istat (e pubblicati dal 1996, in una versione sintetica, dal Mulino).

Per una guida esauriente ai «conti della nazione» si veda V. Siesto, *La contabilità nazionale italiana*, Bologna, Il Mulino, 1996. Approfondimenti sulla distribuzione del reddito sono contenuti nei rapporti annuali del Cnel a cura di N. Rossi (l'ultimo è *Competizione e giustizia sociale*, Bologna, Il Mulino, 1996); sull'istruzione si veda, sempre a cura di N. Rossi, *L'istruzione in Italia: solo un pezzo di carta?*, Bologna, Il Mulino, 1997.

Sullo sviluppo economico italiano negli anni cinquanta e sessanta si segnalano, oltre al volume a cura di A. Graziani, *L'economia italiana dal 1945 a oggi*, Bologna, Il Mulino, 1979: P. Ciocca, R. Filosa e G.M. Rey, *Integrazione e sviluppo dell'economia italiana nell'ultimo ventennio: un riesame critico*, in Banca d'Italia, *Contributi alla ricerca economica*, Roma, 1973; M. Salvati, *Economia e politica in Italia dal dopoguerra a oggi*, Milano, Garzanti, 1984; P. Sylos Labini, *Sindacati, inflazione e produttività*, Bari, Laterza, 1972. In una prospettiva storica più lunga, si veda inoltre il volume curato da P. Ciocca, *Il progresso economico dell'Italia*, Bologna, Il Mulino, 1993.

Su problemi e politiche negli anni settanta si vedano (con i volumi di Graziani e Salvati): il volume curato da G. Nardozzi, *I difficili anni '70*, Milano, Etas, 1980; C. Caranza e A. Fazio, *L'evoluzione dei metodi di controllo monetario in Italia: 1974-1983*, in «Bancaria», settembre 1983; F. Cotula, *L'attuazione della politica monetaria in Italia*, in *La politica monetaria in Italia*, vol. II: *Obiettivi e Strumenti*, a cura di F. Cotula, Bologna, Il Mulino, 1989; B. Andreatta e C. D'Adda, *Effetti reali o nominali della svalutazione? Una riflessione sull'esperienza italiana dopo il primo shock petrolifero*, in «Politica economica», aprile 1985 (e commenti di M. Salvati e L. Spaventa, nel numero di agosto della stessa rivista); R.S. Masera e S. Rossi, *La bilancia dei pagamenti*, Padova, Cedam, 1993.

Sui problemi dell'economia italiana a cavallo tra gli anni settanta e ottanta si consiglia la lettura di F. Vicarelli, *La questione economica nella società italiana*, Bologna, Il Mulino, 1987, e, in particolare sul processo di ristrutturazione industriale, F. Barca e M. Magnani, *L'industria tra capitale e lavoro*, Bologna, Il Mulino, 1989. Sui problemi dell'inflazione, della finanza pubblica e dello sviluppo negli anni ottanta e oltre, si vedano i contributi raccolti nel volume a cura di M. Baldassarri, *L'anatra zoppa*, Roma, Sipi, 1991, i saggi nei volumi curati da S. Micossi e I. Visco, *Inflazione, concorrenza e sviluppo*, Bologna, Il Mulino, 1993, e da C. Dell'Aringa, *Caratteri strutturali dell'inflazione italiana*, Bologna, Il Mulino, 1994, nonché G.M. Rey, *Le grandi trasformazioni dell'economia italiana*, in «Economia italiana», n. 3, 1990, e G. Ciccarone e C. Gnesutta, *Conflitto di strategie*, Roma, Nis, 1993.

Sulla politica economica negli ultimi tre decenni, e sui suoi intrecci con l'evoluzione politico-istituzionale, è di agile e utile lettura il libro di S. Rossi, *La politica economica italiana, 1968-1998*, Roma-Bari, Laterza, 1998.

Sugli aspetti territoriali dello sviluppo economico italiano, si vedano: A. Bagnasco, *Tre Italie*, Bologna, Il Mulino, 1977; G.

Bodo e P. Sestito, *Le vie dello sviluppo*, Bologna, Il Mulino, 1991; C. Trigilia, *Sviluppo senza autonomia*, Bologna, Il Mulino, 1992. Sulle radici storiche del ritardo del Sud, si veda di R.D. Putnam, *La tradizione civica nelle regioni italiane*, Milano, Mondadori, 1993; sui distretti industriali, il quaderno n. 34 della rivista «Studi e informazioni», curato nel 1991 da F. Pyke, G. Becattini e W. Sengenberger, *Distretti industriali e cooperazione fra imprese in Italia*; sul ruolo delle istituzioni, il volume a cura di L. Costabile, *Istituzioni e sviluppo economico nel Mezzogiorno*, Bologna, Il Mulino, 1996.

Sugli sviluppi della finanza pubblica si vedano i contributi nei due volumi a cura dell'Ente per gli studi monetari, bancari e finanziari «Luigi Einaudi» su *Il disavanzo pubblico in Italia*, Bologna, Il Mulino, 1992, nonché D. Franco, *L'espansione della spesa pubblica in Italia*, Bologna, Il Mulino, 1993, G. Morcaldo, *La finanza pubblica in Italia*, Bologna, Il Mulino, 1993 e, in questa collana, I. Musu, *Il debito pubblico*, 1998. Sui problemi dell'intervento pubblico si veda F. Padoa Schioppa, *L'economia sotto tutela*, Bologna, Il Mulino, 1990. Sul ruolo dello Stato nell'economia si segnala, infine, T. Padoa-Schioppa, *Il governo dell'economia*, Bologna, Il Mulino, 1997.

Sui problemi della concorrenza si veda C. Bentivogli e S. Trento, *Economia e politica della concorrenza*, Roma, NIS, 1995. Sugli sviluppi e i problemi del sistema bancario e del mercato finanziario si segnala P. Ciocca, *Banca, finanza, mercato*, Torino, Einaudi, 1991; sul mercato delle imprese, F. Barca, *Imprese in cerca di padrone*, Roma-Bari, Laterza, 1994. Sulla capacità competitiva dell'industria italiana, si veda, a cura di S. Rossi, *Competere in Europa*, Bologna, Il Mulino, 1993.

Sull'avvio dell'unione monetaria e sul funzionamento delle nuove istituzioni monetarie europee si possono vedere due volumi, usciti in questa stessa collana: L. Bini Smaghi, *L'euro* (1999[2]) e F. Papadia e C. Santini, *La Banca centrale europea* (1999[2]).

Finito di stampare nel febbraio 2002
dalla litosei via rossini, 10, rastignano, bologna.
www.litosei.com

farsi un'**idea**

Europa

L'Unione europea, *di Piero S. Graglia*
Il Parlamento europeo, *di Luciano Bardi e Piero Ignazi*
Il mercato unico europeo, *di Roberto Santaniello*
L'euro, *di Lorenzo Bini Smaghi*
La Banca centrale europea, *di Francesco Papadia e Carlo Santini*

Politica e istituzioni

Lo stato e la politica, *di Paolo Pombeni*
Il governo delle democrazie, *di Augusto Barbera e Carlo Fusaro*
La classe politica, *di Gianfranco Pasquino*
I partiti italiani, *di Piero Ignazi*
Il governo della Repubblica, *di Piero Calandra*
La legge finanziaria, *di Luca Verzichelli*
Il governo locale, *di Luciano Vandelli*
La burocrazia, *di Guido Melis*
La giustizia in Italia, *di Carlo Guarnieri*
La Nato, *di Marco Clementi*

Economia

L'economia italiana, *di L. Federico Signorini e Ignazio Visco*
Il debito pubblico, *di Ignazio Musu*
Concorrenza e antitrust, *di Alberto Pera*
La banca, *di Giuseppe Marotta*
La Borsa, *di Francesco Cesarini e Paolo Gualtieri*
I fondi pensione, *di Riccardo Cesari*
L'agricoltura in Italia, *di Roberto Fanfani*
Il commercio in Italia, *di Luca Pellegrini*
Il made in Italy, *di Marco Fortis*
Il Fondo monetario internazionale, *di Giuseppe Schlitzer*
La new economy, *di Elena Vaciago e Giacomo Vaciago*

Società

La popolazione del pianeta, *di Antonio Golini*
Le nuove famiglie, *di Anna Laura Zanatta*

L'adozione, *di Luigi Fadiga*
La scuola in Italia, *di Marcello Dei*
L'università in Italia, *di Giliberto Capano*
Il rendimento scolastico, *di Giancarlo Gasperoni*
Occupati e disoccupati in Italia, *di Emilio Reyneri*
Il giornale, *di Paolo Murialdi*
La televisione, *di Enrico Menduni*
I sondaggi, *di Mauro Barisione e Renato Mannheimer*
Droghe e tossicodipendenza, *di Simonetta Piccone Stella*

Religione

L'induismo, *di Giorgio Renato Franci*
Gli ebrei, *di Piero Stefani*
I musulmani, *di Paolo Branca*
Il Corano, *di Paolo Branca*
Le sette, *di Enzo Pace*
New Age, *di Luigi Berzano*
I preti, *di Marcello Offi*
Il giubileo, *di Lucetta Scaraffia*
Comunione e liberazione, *di Salvatore Abbruzzese*

Psicologia

Il linguaggio, *di Patrizia Tabossi*
La memoria, *di Anna Maria Longoni*
Decidere, *di Rino Rumiati*
L'infanzia, *di Luigia Camaioni*
Gli adolescenti, *di Augusto Palmonari*
Invecchiare, *di Renzo Scortegagna*
La felicità, *di Paolo Legrenzi*
L'autostima, *di Maria Miceli*
La timidezza, *di Giovanna Axia*
La vergogna, *di Luigi Anolli*
Sentirsi in colpa, *di Paola Di Blasio e Roberta Vitali*
Arrabbiarsi, *di Valentina D'Urso*
La paura, *di Maria Rita Ciceri*
Stereotipi e pregiudizi, *di Bruno M. Mazzara*
Il conformismo, *di Angelica Mucchi Faina*
Comunicazione e persuasione, *di Nicoletta Cavazza*
Le buone maniere, *di Valentina D'Urso*
Lo stress, *di Mario Farnè*
Disturbi psicosomatici, *di Giancarlo Trombini e Franco Baldoni*

La depressione, *di Giovanni Jervis*
Le difficoltà di apprendimento a scuola, *di Cesare Cornoldi*

Scienza e ambiente

Lo sviluppo sostenibile, *di Alessandro Lanza*
Il cambiamento climatico, *di Alessandro Lanza*
Le biotecnologie, *di Marcello Buiatti*
La procreazione assistita, *di Carlo Flamigni*
I farmaci, *di Stefano Cagliano e Alessandro Liberati*